うまくいく!

のわたしらしく

く」習慣

はじめに

はじめまして、亀山ルカと申します。私は現在フリーランスとして、SNSで暮らしや勉強について発信したり、雑貨のオンラインショップの運営を仕事にしています。

これらのやりたかった仕事、今の理想の暮らしはどれも、「書く」ことで叶えてきました。

私にとって「書く」ことは毎日の習慣であり、生活とは切り離せないものですが、昔から文章を書くのが好き、と自覚していたわけではありませんでした。ただ、書くことによって何かが変わっていく感覚はあったので、その習慣を続けていたのだと思います。

社会人になってからは意識的に工夫して「書く」ことに取り組むようになり、生活や働き方、勉強、目標達成などにいい影響があることをはっきりと実感し始めました。

本書では、紙とペンを使って書くことはもちろん、スマートフォンやiPadなどのデジタルツールで書くことも含め、「書くことを通して日々の暮らしを充実させる方法」についてご紹介しています。

例えば、TODOリストひとつ取っても、今日やるべきことを書き出すだけではもったいないです。少しの工夫で生活を劇的に変えたり、日々の充実感が増したり、そんな使い方もあるんです。

具体的に何をどんなふうに書けばいいのか、私自身が今まで実践してきて本当に効果があると感じた方法やコツを、本書にぎゅっと詰め込みました。

書き始めると、長い間抱えていた悩みが解決したり、暮らしが楽しくなったり、ずっと叶えたいと思っていた目標が達成できたり、やりたかったことにチャレンジするモチベーションが湧いてきたり、ありとあらゆる素敵な変化が訪れます。

今まであまり書いたことがない人や、書くことに苦手意識を持っている人も、ちょっとしたコツを押さえるだけで書くことが楽しくなり、自然と続けられるようになります。

読み終わる頃には「早く書いてみたい」とワクワクした気持ちを持っていただけたら、そして、実際に書くことを通して充実感や楽しい気持ちを感じていただけたら、これほど嬉しいことはありません。

これから一緒に、書くことを楽しんでいきましょう。

亀山ルカ

CONTENTS

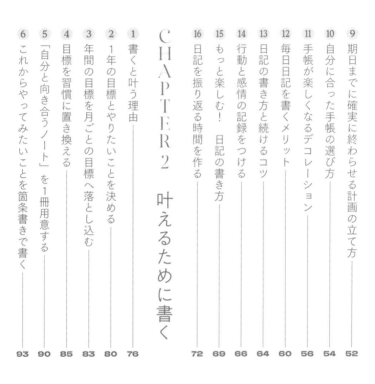

CHAPTER 3 伝えるために書く

CHAPTER 4 楽しむために書く

※本書に掲載されている情報は2023年2月現在の情報です。
掲載されている商品およびサービスは、現在は仕様を変更している、
またはお取り扱いしていない場合もあります。
掲載商品は著者私物となりますので、各メーカーへのお問い合わせはご遠慮ください。

Staff
デザイン／佐藤ジョウタ（iroiroinc.）
撮影／柳原久子
執筆協力・編集／町田薫
DTP／山本秀一、山本深雪（G-clef）
校正／文字工房燦光
編集／石坂綾乃（KADOKAWA）

PROLOGUE

書くことのメリット

プロローグ 1

私が「書く」ことを始めたきっかけ

書くことで私がどのように変わっていったのかを具体的にお伝えするために、まずは私が書くことを始めたきっかけからお話ししてみようと思います。

子どもの頃、定期的に何かを書いた最初の記憶といえば、勉強のノートや漢字、算数のドリルだったと思います。もちろん、その頃は書くことを特に意識することはありませんでした。

私が「書いてみよう」と能動的に思い始めたのは、高校生の頃です。

その頃は、定期テストのための勉強スケジュールを手帳に書き出していました。当時は、テストの2週間くらい前から試験科目の日程が出ていたので、その日程に合わせて、いつ、どの科目のどの分野を勉強するか、という計画を立てていました。

そのスケジュールに沿って勉強すれば試験に間に合うようにしていたので、「今日は何を勉強しよう」と悩むこともありません。おかげでテスト結果も満足のいくラインを維持できたり、何より計画的に進められることで達成感がありました。思えばこの頃から、「書いて計画を立てると物事がうまく進む」と実感していたのだと思います。

大学生になってからは、将来やりたいことを考えたり、こんな暮らしがしたいと妄想したりして、それを紙に書いてデスクの前の壁に貼っていました。その紙を見れば「今日もこの目標のために頑張ろう！」とやる気が湧いてきて、その日やるべきことに取り組むことができたのです。目標が少し変わったと思ったらその紙は捨て、新しい紙にまた新たな目標を書いて貼り直しました。

手帳に勉強計画を書く、紙に目標を書いて壁に貼る、というとてもシンプルな行為ですが、こうした学生時代の習慣から「書くことで何かが変わる」と身をもって経験し、それが今の私につながっているのです。

文章を書き慣れていなくても大丈夫

「書く」ことを始めたくても、「文章が上手じゃないから」「ふだんから書き慣れていないから」と躊躇する人がいるかもしれませんが、安心してください。まずは、「やりたいことを紙に書く」といった簡単なことから始めてみましょう。

はじめは計画や目標など、自分のために書き始め、慣れてきて、「もっと書きたい！」と思えるようになったら、人に伝えるための文章を書く練習もしてみてください。

本書の構成も、CHAPTER 1は（自分のために）日々やることを整理するための書き方、CHAPTER 2は（自分のために）何かを叶えるための書き方、CHAPTER 3では（相手に）伝えるための書き方について紹介していて、自然と「書く」ことのステップアップができるようになっています。

とはいえ、書き慣れていない方は、最初は続けるのが難しいと感じるかもしれません。

例えば、毎日日記を書きたいと思っても、忙しくて忘れてしまったり、面倒になったりすることもあるでしょう。私も日記を書き忘れることはあるし、「今日は書くのが面倒だなぁ」と思うこともあります。１日書けない日があると、つい「もういいや」と放り投げたくなる気持ちもわかりますが、継続するためには最初からあまり気負わずに、「ちょっと間が空いてしまっても気にしない」くらいの心づもりで始めてみましょう。

ハードルを高くしないのも、長く楽しく続けるコツです。私は完璧主義で頑張り過ぎてしまう傾向があり、はじめからハードルを上げて挫折した経験があるからこそ、「最初は小さく始める」ことを意識するようになりました。

日記を始めるなら、まずは１行だけ書く。勉強計画を立てる時は目標を高くし過ぎない。ブログやＳＮＳの投稿は週に１回でもいいから続けることを大事にする。そうやって小さなことから始めて、慣れてきた頃に量や回数を増やしていけばいいんです。

慣れないことを始めて習慣にするのは、書くことに限らず大変なものです。

本書の内容も一気に始めようとは思わず、「まずはこのひとつだけ」と決めて取り組んでみてください。継続して書くことも楽しんでいただけるように、ぜひこのことを覚えておいてくださいね。

3 書き始めると人生が変わっていく

「書くと人生が変わる」なんて言うと、なんだか大袈裟な感じがするかもしれません。でも、実際に書き始めてしばらく続けていると、日々いろいろなことが変化していくのを実感できるはずです。

例えば、私の人生の中で、「書いて変わったこと」をいくつか挙げてみます。

前述のように、学生時代はテストの計画を手帳に書いたり、ノートの書き方を工夫したり、目標を紙に書いて貼ったりすることで、自分で言うのもなんですが、比較的良い成績を維持していました。そのおかげで、希望していた大学に合格することもできました。

卒業して社会人になってからは、ずっとやりたかった仕事にチャレンジできたり、SNSでの発信が仕事になったり、書籍を出版したりと、時間はかかったものの、ずっと憧れていた理想の暮らしを叶えることができています。

以前、「社会人になったらこんな感じのインテリアにして、朝はカフェに行って仕事をして、自炊も頑張って充実した生活をしたい」という妄想を、具体的にノートに書き出したことがあります。そして1年後、ふとそのノートを見てみると、それと同じ生活ができていて驚いたことがあります。「書くと実現する」というのは本当に起こり得るのだと、その時実感しました。

ほかにも、資格試験に合格したり、ネガティブだった性格がポジティブになったり、身の回りで良いことがたくさん起こるようになっていきました。

これらはすべて、書くことを中心にして起こった出来事です。「書くだけでうまくいくなんて、あるはずない」と思う方もいるかもしれませんが、試しに本書の内容をひとつだけでも実践してみてください。そして、その効果を実際に確認していただけたら嬉しいです。また、ひとつの変化をきっかけにうまくいき始めると、ほかのことも頑張ってみよう、やってみよう、と思えるものです。そうやって、気がついたら自分の理想の人生が実現していた、というのも夢ではないと私は信じています。

それでは早速、紙とペンを用意して、ぜひ次の章へ進んでみてください。

書くことを通して、みなさんの人生が良い方向に回り始めますように!

CHAPTER 1

整理するために書く

1 書いて暮らしを整えよう

1章では、日々のタスクを整理したり、暮らしを整えるために書く方法について解説していきます。まずは、自分のためだけに気軽に書いていきましょう。

ここでは、**書いて整理するための手段として、TODOリストを作る、計画を立てる、日記を書く**、の3つに分けて解説しています。この3つは、すでに取り組んだことのある人も多いのではないでしょうか。紙に今日やることをメモしたり、手帳にスケジュールを書き込むなどして、効果を感じられた人もいれば、あまり効果を感じずにすぐにやめてしまった、という人もいるかもしれません。

今までに実践したことがある、もしくは現在も実践していて効果を感じられている、という方は、本章の内容でまだ取り組んだことのないやり方があれば、ぜひ取り入れてみてください。例えば、TODOリストにあるタスクが終わったら塗りつぶすだけでなく、随時書き込みをして翌日まで取っておいたり、アナログとデジタルの手帳を目的別に使い分けたり、あらゆる工夫について紹介しています。

一方で、今まで思うような効果がなかったり面倒でやめてしまった経験がある方、また取り組んだことがない方は、本章の内容をもとに、ぜひ実践していただけたら嬉しいです。

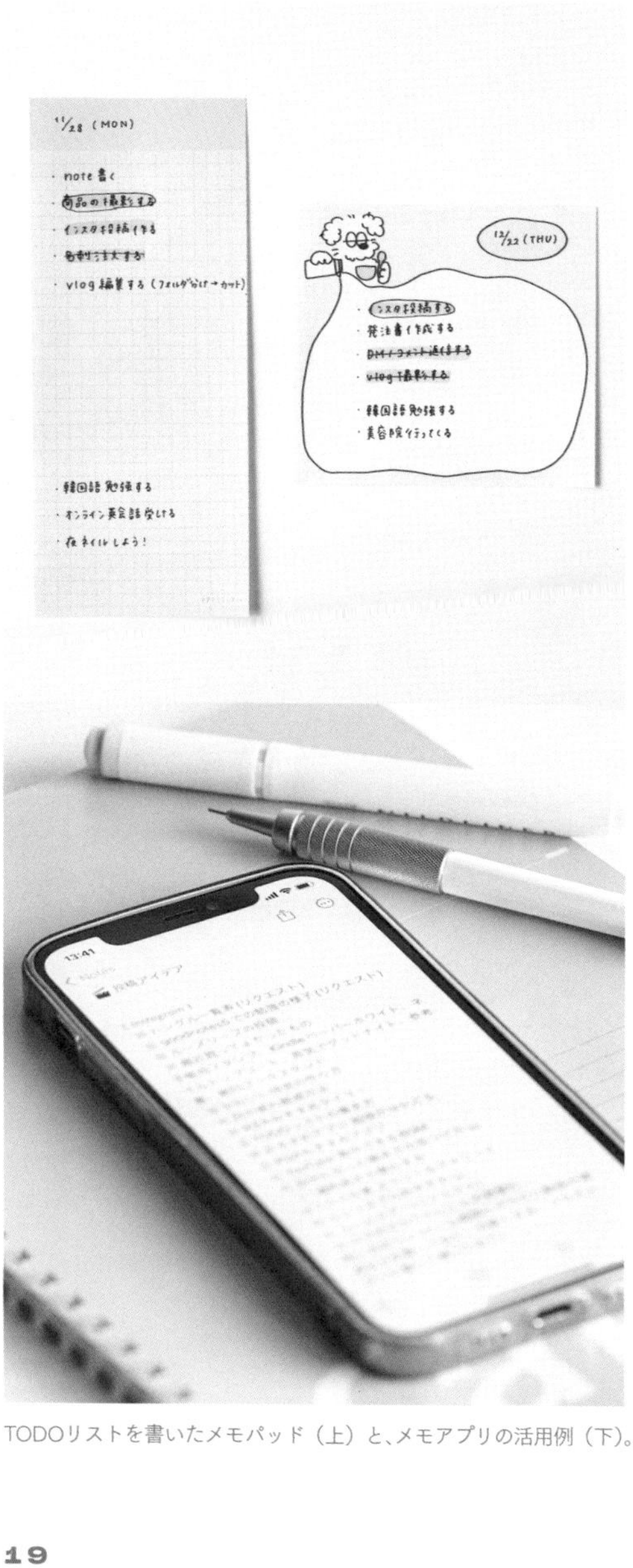

TODOリストを書いたメモパッド（上）と、メモアプリの活用例（下）。

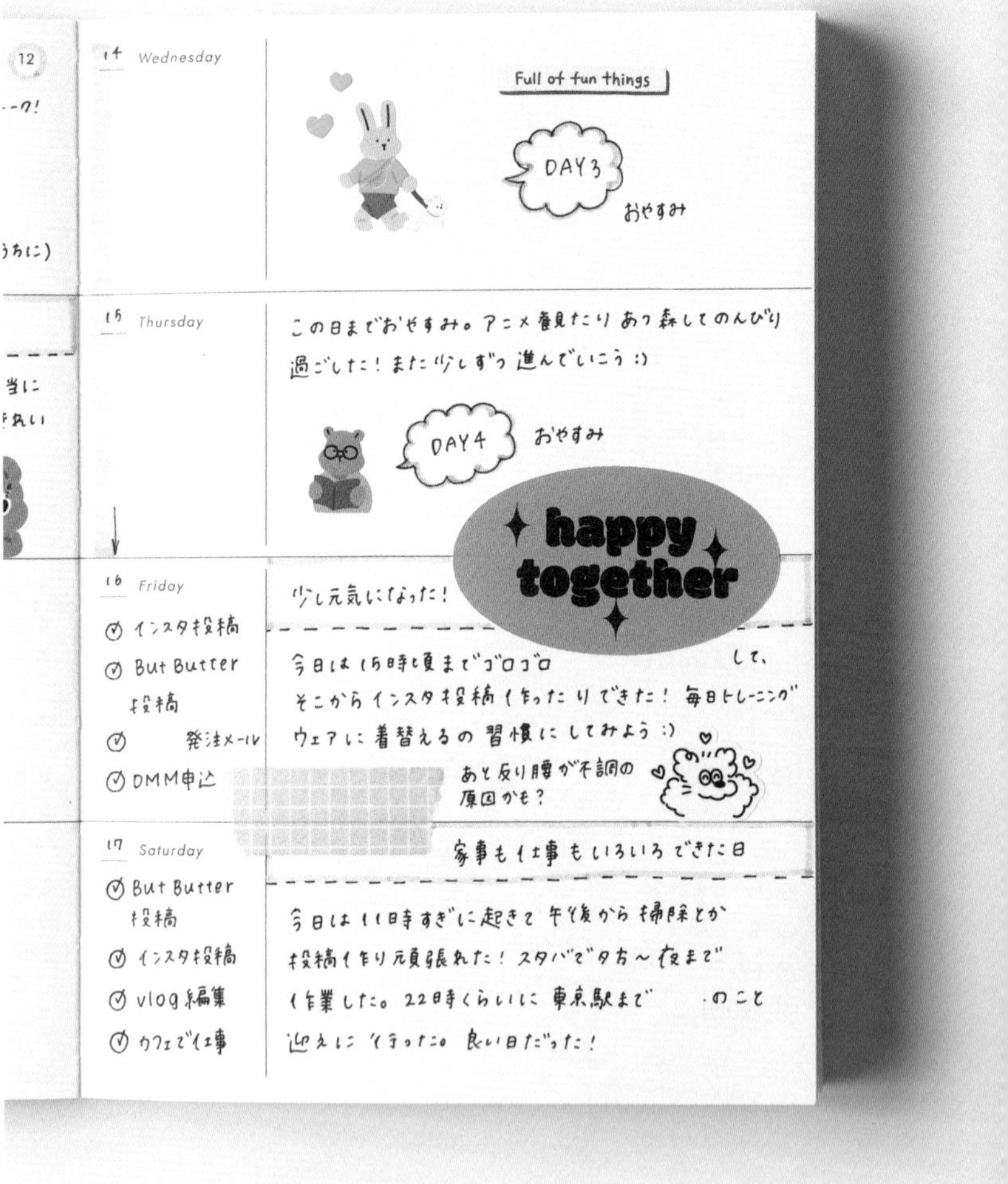
14 Wednesday
Full of fun things
DAY3
おやすみ
15 Thursday
この日までおやすみ。アニメ観たりあつ森してのんびり過ごした！また少しずつ進んでいこう :)
DAY4
おやすみ
happy together
16 Friday
インスタ投稿
But Butter 投稿
発注メール
DMM申込
少し元気になった！
今日は15時頃までゴロゴロ して、そこからインスタ投稿作ったりできた！毎日トレーニングウェアに着替えるの習慣にしてみよう :)
あと反り腰が不調の原因かも？
17 Saturday
But Butter 投稿
インスタ投稿
vlog編集
カフェで仕事
家事も仕事もいろいろできた日
今日は11時すぎに起きて午後から掃除とか投稿作り頑張れた！スタバで夕方～夜まで作業した。22時くらいに東京駅まで のこと迎えに行った。良い日だった！

手帳には1か月の目標や計画、日記を書きます。

なんとなく書くだけでは効果がわからないのは当然で、逆にちょっとした工夫を取り入れれば劇的に暮らしが変わる可能性があります。
各項目の具体的な書き方はもちろん、実際にどのように生活が変わっていくのか、私の実体験も交えながらお伝えします。

本章の内容は基本的にはアナログな方法で進めていきます。ＴＯＤＯリストを書くにあたってはメモパッドと書きやすいペン、マーカーなどがあれば十分です。スケジュールや日記は手帳に書き込んでいくので、すでに使用している手帳があればそちらを使ってください。もしなければ、手帳の選び方について解説した箇所（Ｐ54）を参考に、お気に入りの手帳を探してみてください。

読むだけでなく実践することがとても大事なので、本章を読みながら、または読み終わった時に、早速書き始めることをおすすめします。

2

ＴＯＤＯリストで変わる1日の過ごし方

私が毎朝欠かさず行うのが、ＴＯＤＯリストの作成です。ＴＯＤＯリストを書かないと何から始めれば良いのかさっぱりわからなくなってしまうほど、ＴＯＤＯリストは私にとってなくてはならないものとなっています。ただ、ＴＯＤＯリストの効用を周りの人に伝えても、あまりピンとこない人も多いようで、「書いても特に変わらなかった」「見返すことなく忘れてしまう」といった話を聞いたこともあります。

このようなケースには、ちゃんと原因があります。書いても変わらなかったのは、ただタスクを書き出して終わってしまっているからだと考えられます。ＴＯＤＯリストは**タスクを書き出し、それを管理するための要素を追記することによって本来の効果を発揮します**。また、書いただけでその存在を忘れてしまわないために、すぐ目に入る場所にＴＯＤＯリストを置いておき、振り返る時間を取ることが大切です。

ＴＯＤＯリストをうまく活用して得られる効果は、大きく分けて3つあります。

ひとつ目は、**その日にやることがはっきりし、頭の中が整理される**効果です。これは一般的によく挙げられる効果ですが、書き出すことで頭の中がすっきりし、優先度をつけて取り組むことで効率良くタスクを終わらせることができます。

2つ目は、ワクワクした気持ちで1日を始められることです。TODOリストはその日やることを書き出すものですが、この「やること」には、「やるべきこと」と「やりたいこと」の2種類があります。特に、私が大事にしているのは「その日、積極的にやりたいこと」です。趣味や今ハマっていること、学びたいことなど、**能動的にやりたいと感じることもTODOリストに書き出すことで、ワクワクする気持ちが高まります。**やらなければいけないことに追われるのではなく、1日をデザインする気持ちでTODOリストを書いていきます。

3つ目は、達成感です。**終わったタスクをひとつ塗りつぶすごとに、達成感が得られます。**この達成感を何度か実感すると、いつの間にかTODOリストを書かずにはいられなくなってきます。また、1日の終わりにTODOリストを日記に反映させることで、さらに達成感を持続させる方法（P47）についても紹介するので、ぜひ実践してみてください。

TODOリストはすぐ目に入る場所に。

TODOリストは、紙とペンを使いアナログ形式で書くことをおすすめします。というのも、書き込んだり、塗りつぶしたりといった作業が必要になってくるからです。特にマーカーなどで塗りつぶす作業は、パソコンやスマホでチェックマークを入れるだけよりも、手書きで線を引いて塗りつぶすことで、達成感が増す感覚があります。頭の中にあるタスクを書き出すのも、キーボードで文字を打つより、手書きの方が脳が活性化され

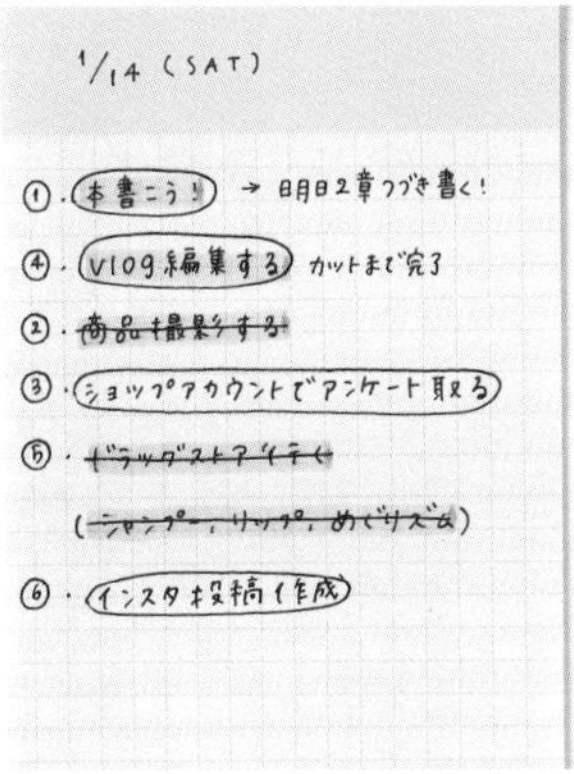
1/14 (SAT)
①・本書こう！ → 明日2章つづき書く！
④・VIog編集する カットまで完了
②・商品撮影する
③・ショップアカウントでアンケート取る
⑤・ドラッグストアイテム
(シャンプー、リップ、めぐリズム)
⑥・インスタ投稿作成
書き込みしたり、塗りつぶしたりしたTODOリスト。

る気がします。

　また、すぐに視界に入る場所に置いておけるメモパッドなどを使って1枚の紙に書く方が良いでしょう。ただし、移動が多い場合など、メモだとなくしてしまいそうな人は、ノートや手帳に書いてください。大きめのふせんに書いて、デスクやパソコンのディスプレイ周辺に貼っておくのも良いかもしれません。

　ＴＯＤＯリストは、さまざまな工夫を施すことで魔法の紙に変わります。ちょっと大袈裟かもしれませんが、本当にそう言って良いくらい、私の生活はＴＯＤＯリストに支えられています。その効果を信じて、ぜひ一緒にＴＯＤＯリスト作りを始めていきましょう！

3 ＴＯＤＯリストの書き方とタスクの管理方法

準備するものは、何行か書ける大きさのメモパッド（もしくはふせん）とボールペン、作業が終わった時に塗りつぶすための好きなカラーのマーカーです。ペンはシャーペンでも構いませんが、文字が見やすいボールペンがおすすめです。私が愛用しているのは「サラサマークオン０・４㎜」です。マーカーを引いても滲まないところがお気に入りです。

【ＴＯＤＯリストの書き方】

1 日付と曜日を記入

一番上に、日付と曜日を記入します。

2 「やるべきこと」を記入

仕事や勉強に関する「やるべきこと」を、思いつくままに書き出していきます。この時気をつけたいのが、「具体的に細かく分けて書く」ということです。

例えば私の場合、日々のタスクとして「ＳＮＳの投稿」があります。

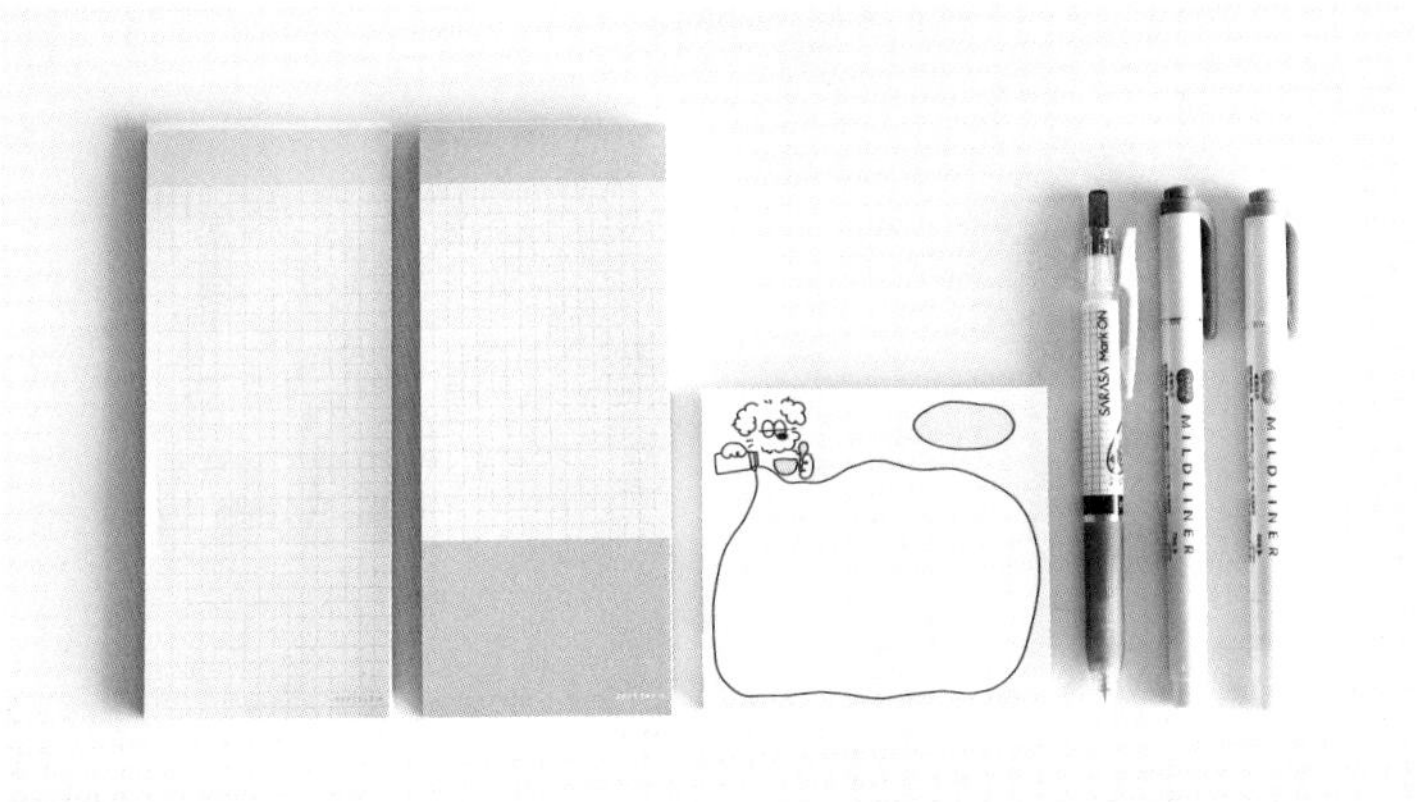

TODOリストを作る時、私が愛用している文房具がこちら。メモパッド、「サラサマークオン 0.4mm」、きれいな色がそろう「マイルドライナー」。

InstagramとYouTubeを中心に投稿していますが、タスクに「SNS」や「SNS投稿」とは書きません。というのも、SNSがどちらなのか、そのタスクが具体的に何を指すのかがわかりにくいからです。**タスクはそれを見てすぐ、シンプルに行動に移せる具体的な表現で書きましょう。**

また、一つひとつの作業を細かく分けて書くのは、**タスクが増えた分、それを塗りつぶす回数も増えることで、より達成感が得られるから**です。例えば、「家事をする」と書くよりも、「洗濯をする」「洗い物をする」「夕飯の下ごしらえをする」などとした方が、よりタスクが明確になり、ひとつ終わるごとに塗りつぶす達成感もあります。

このほか、やるべきタスクを「自分を励ますように書く」方法もおすすめです。例えば、「本を書く」ではなく「本を書こう！」と書いてあると、なんとなく「やろうかな」という気になりませんか？　**こんな感じで自分を励ますように書くと、リストを見るたびに明るい気持ちにもなります。**

3 「やりたいこと」を記入

やるべきことだけ書いてもつまらないので、その日、自分がやりたいと思うこと、楽しみだと感じることについても書いておきます。趣味でも良いし、気になっているドラマを見る、好きなケーキを買いに行く、読書をするなど、自分にとってワクワクすることなら何でも大丈夫です。また、「今日は仕事が終わったら家でネイルをしよう」と思ったら、先ほどの方法で「帰ったらネイルしよう！」と書くのも良いと思います。

私がTODOリストに「やりたいこと」を書くようになったのは、**日々のタスクに追われるのではなく、暮らしを自分でコントロールしたい**と思ったから。楽しいことを自分で積極的に見つけてやってみる、それが1日を充実させる鍵となります。毎日これを続けていくことで、充実した1日を過ごすのが上手になっていきます。また、降りかかるタスクを捌くだけでなく、自分でやりたいことを選んでTODOリストに組み込み実行すること

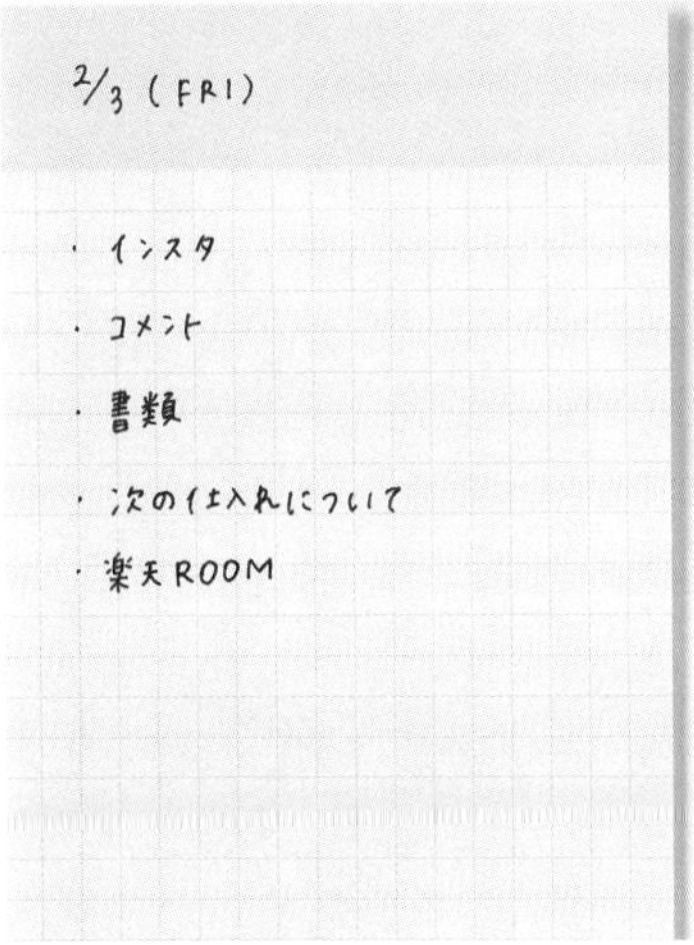
2/3 (FRI)
・インスタ
・コメント
・書類
・次の仕入れについて
・楽天ROOM

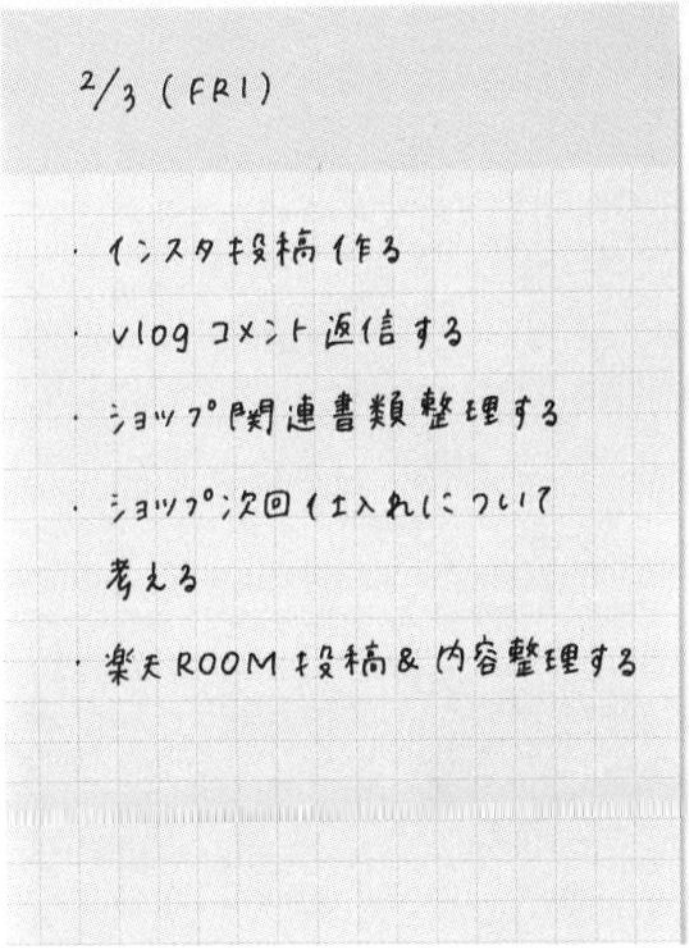
2/3 (FRI)
・インスタ投稿作る
・vlogコメント返信する
・ショップ関連書類整理する
・ショップ次回仕入れについて考える
・楽天ROOM投稿&内容整理する

TODOリストの悪い例（左）と、具体的なタスクがわかる良い例（右）。

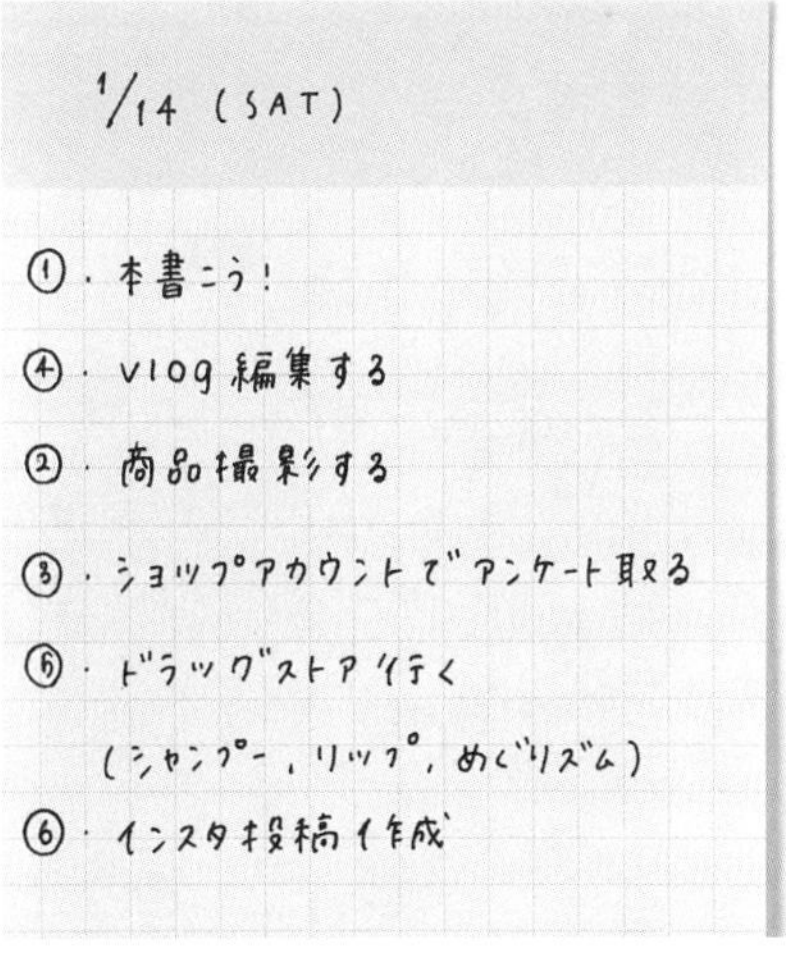
1/14 (SAT)
①・本書こう!
④・vlog編集する
②・商品撮影する
③・ショップアカウントでアンケート取る
⑤・ドラッグストア行く
(シャンプー, リップ, めぐリズム)
⑥・インスタ投稿作成

1行目で「本書こう！」と自分を励ますように書いている。

で、充実感が増していきました。
なお、ＴＯＤＯリストは基本的に１日の始まりに書きますが、１日を過ごす中でふと、やることを思いついたり、タスクが増えたりした時は、随時書き足していきます。そうやってすぐに書き留めておくことで、やり忘れを防ぐことができます。

【ＴＯＤＯリストでタスクを管理する方法】

ＴＯＤＯリストには、さらにさまざまな要素を書き加えていくことで、効率良く行動を管理したり、見直したりすることができます。

1　タスクを見比べて優先度を考える

リストを見ながら、早めにやるべきタスクは

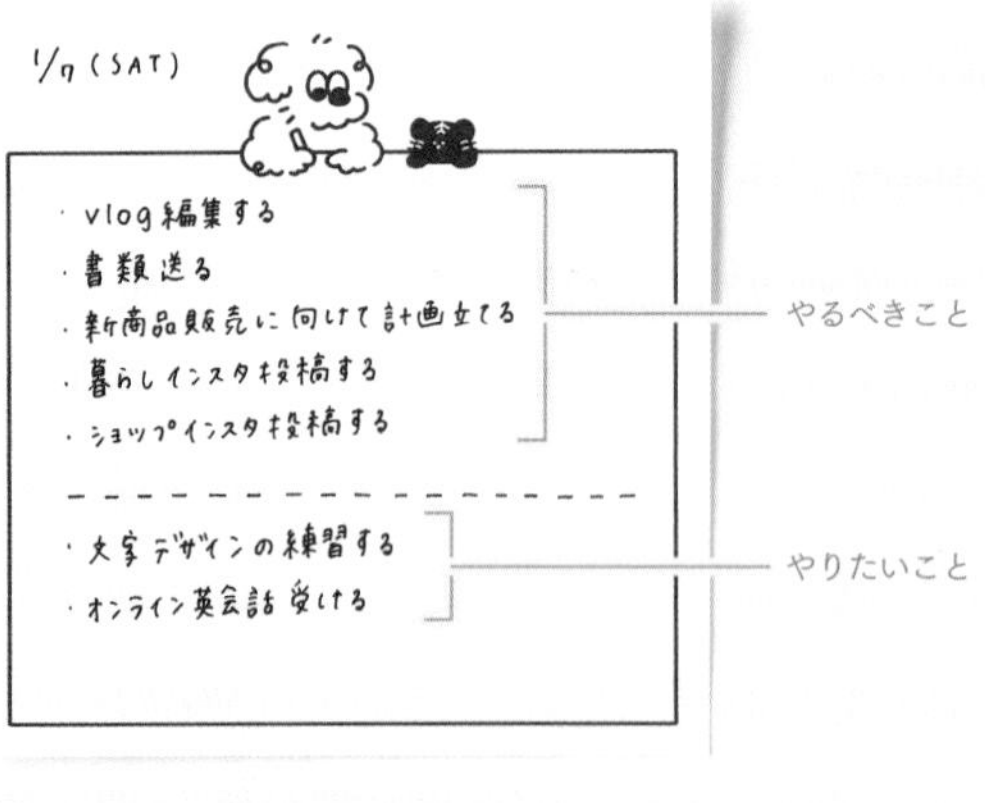
1/7 (SAT)
・vlog編集する
・書類送る
・新商品販売に向けて計画立てる
・暮らしインスタ投稿する
・ショップインスタ投稿する
・文字デザインの練習する
・オンライン英会話受ける
やるべきこと
やりたいこと

TODOリストには、やるべきことだけでなく、やりたいことも記載。

どれかを考えます。タスクがたくさんある場合は、隣に優先度を表す順位を書いておくとわかりやすいでしょう。

1日のはじめには、短時間で終わる作業をこなすのがおすすめです。早い段階で2〜3つタスクが塗りつぶされた状態を見ると達成感を感じ、その後の作業に勢いがつくからです。

短い時間で終わる作業がない時は、あえて「お皿を洗う」など簡単なタスクを追加、完了させてから、重要度の高いタスクを始める方法もあります。ただし、**時間が経つにつれて集中力はなくなるので、なるべく早めに重要度の高いタスクに取りかかりましょう。**

2 終わったタスクに印をつける

終わったタスクと、途中まで着手したタスクにはマーカーを引きます。少しでも取り組んだら塗りつぶしておくと、モチベーション維持や充実感につながります。1日の最後には、完了したタスクに横線を引いて消し、明日も引き続き行うものや未着手のものは丸で囲みます。隣に「明日やる」と書いてもOKです。こうすると、**各タスクの進捗状況や、明日に引き継ぎたいタスクが可視化でき、**翌日以降もTODOリストが活かせます。

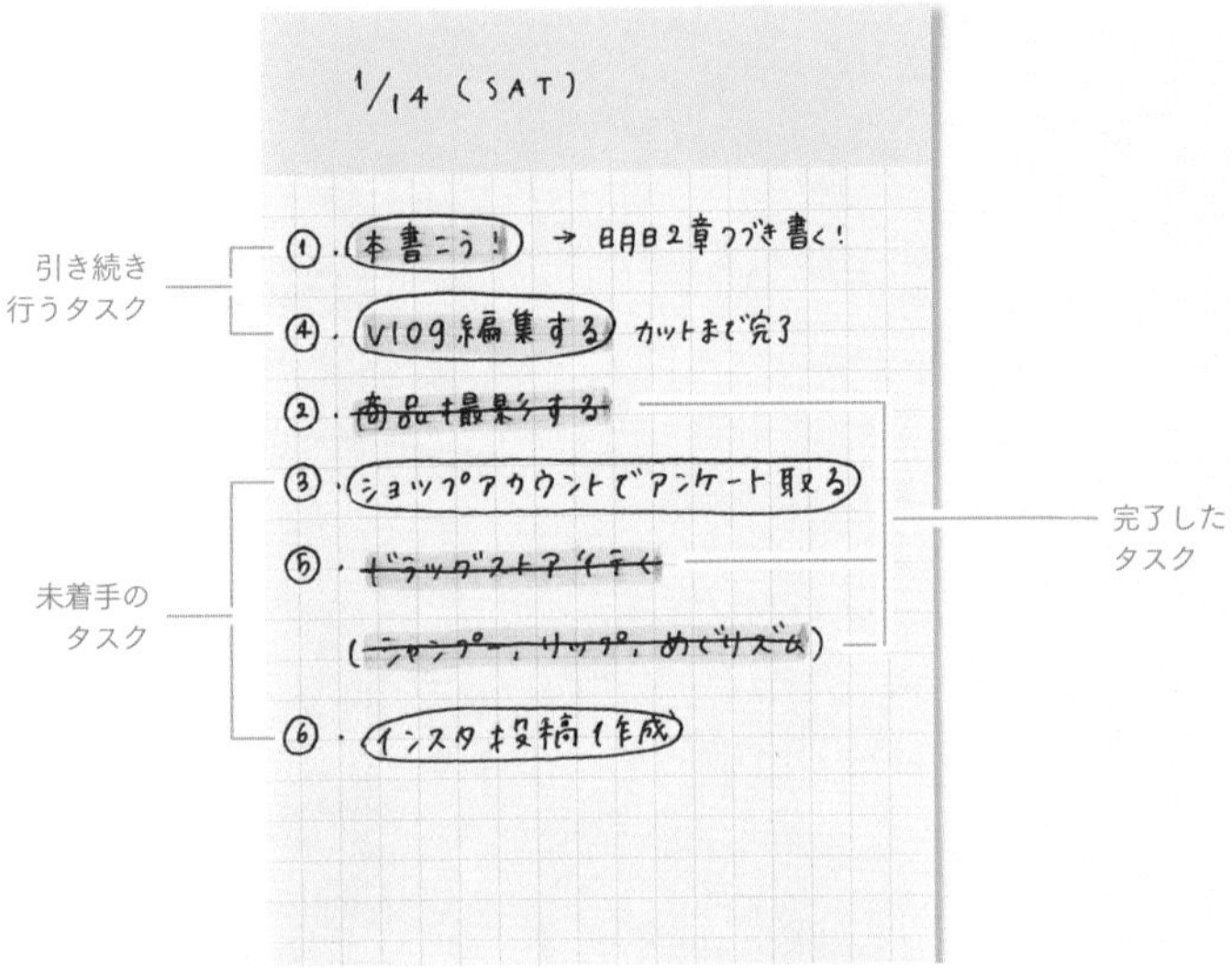
1/14 (SAT)
①.本書こう！ → 明日2章つづき書く！
④.VLOG編集する カットまで完了
②.商品撮影する
③.ショップアカウントでアンケート取る
⑤.ドラッグストア行く
(シャンプー, リップ, めぐりズム)
⑥.インスタ投稿作成
引き続き行うタスク
未着手のタスク
完了したタスク

優先度を書き込み、終わった印の横線や持ち越しの○印をつけたTODOリスト。

☑ **終わったタスク**
→マーカーで塗りつぶす＆横線を引く

☑ **明日も引き続き行うタスク**
→マーカーで塗りつぶす＆丸をつける

☑ **未着手のタスク**
→丸をつける

4 TODOリストの書き方（応用編）

基本の書き方に加えて、「今日は効率良くどんどんタスクを終わらせたい」「今日は少し疲れているからのんびりやろう」といったように、その日の気分に合わせて書き方を少し変えるのもおすすめです。私が時々実践している2パターンをご紹介します。

1 集中モード・効率アップを目指す日（各タスクにかかる時間を書き込む）

今日は集中して頑張れそう、効率化を図りたいと思った時に私が行っているのが、各タスクにかかる時間を書き込む方法です。

まずは基本のTODOリストを作った後、各タスクの横に「何時から何時に作業するか」を書き込みます。これにより、どの作業にどのくらいの時間がかかっているのかがわかるだけでなく、1日のスケジュールをどのように組めば効率が良いのかがわかるようになります。

例えば、「今日は朝から仕事の資料を作ろう」と思ったら、その隣に8時〜8時30分のように書いておきます。そして、実際の作業時間を計り、カラーペンなどの目立つ色のペンで、実際にかかった時間を書き込みます。こうして「最初にかかる時間を予測する」→「実際にかかった時間をメモする」ことで、予測と実際のギャップを減らそうという意識が働き、予定通りにタスクを片付けられるようになりました。

時間を管理すると、**自分のキャパシティや行動の傾向、どんな作業にどのくらい時間がかかるのかという作業時間の感覚がつかめるようになります。**

ただし、時間を書き込む手間が増え、毎日欠かさず時間を管理するのは大変なので、特に集中してタスクを片付けたい時や効率アップを目指したい時に行うのがおすすめです。このメモは暮らしや働き方を見直すための重要な記録になるので、ぜひ試してみてください。

2 のんびりモード・無理せず頑張りたい日（「もしできそうなら」TODOリスト作成）

毎日を過ごしていると、「今日はちょっと疲れているな」と感じる日や、無理したくない日もあると思います。そういう日は、TODOリストに多くのタスクが並んでいると気後れしてしまうことも。私も時々、たくさんのタスクを書き出した後にプレッシャーを感じることがあり、そんな中で自分のペースで頑張れるTODOリストの活用方法はないかと考えたのが、「もしできそうなら」TODOリストです。どういうものかというと、今

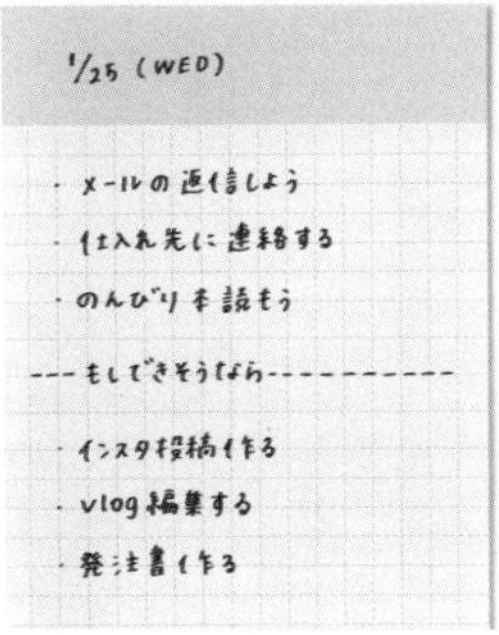

タスクを3つずつに絞った「もしできそうなら」TODOリスト。

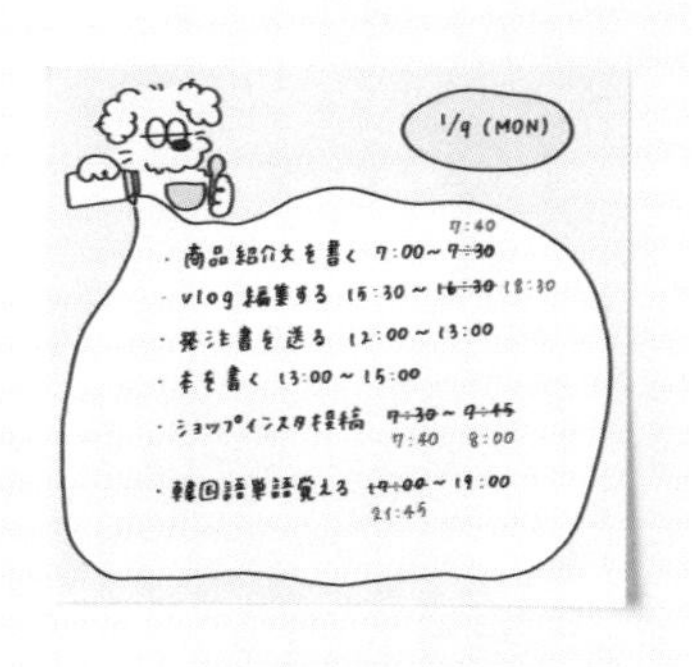

想定時間と、実際にかかった時間を書き込んだTODOリスト。

日本当にやるべきこと・やりたいことを3つだけに絞り、後は「もしできそうなら」という気持ちで気楽に取り組む方法です。

基本通りにTODOリストに書き出した後、本当にやりたい3つのタスクに★マークなど目印をつけてもいいのですが、「もしできそうなら」という言葉が気持ちを楽にしてくれるので、3つのタスクを上にまとめて書き出す↓「もしできそうなら」と書く↓その下に残りのタスクを書き出す、というやり方をおすすめしたいです。

これをやることにより、たくさんのタスクがあっても「ひとまず3つだけやれば今日はOK」とプレッシャーが軽減され、項目がひとつでもクリアできれば「今日の自分は結構頑張れた！」とモチベーションと自己肯定感UPにつながります。

5

ＴＯＤＯリストは翌日まで取っておく

１日が終わる頃、ＴＯＤＯリストにたくさんの書き込みがされているはずです。各タスクに実際にかかった時間のメモや、線を引いたり丸をつけたりしたリストは翌日まで取っておき、新たなリストを作る時は前日のものを横に置いて書くようにします。

このようにＴＯＤＯリストを翌日まで持ち越す理由は2つあります。

ひとつは、**前日終わらなかったタスクを翌日に引き継ぐため**。その日のうちに終わらなかったタスクで次の日にやろうと思ったものには、丸がついています。その丸がついたタスクを翌日のＴＯＤＯリストに書き写しておけば、前日に終わらなかったタスクを確実に引き継ぐことができます。

もうひとつは、**行動やスケジュールをブラッシュアップしていくため**です。タスクが終わらず残ってしまう場合は、時間がなくてできなかったのか、やる気が出なくて後回しにしてしまったのかなど、理由を考えることで取り組むきっかけを作ります。時間がなくてできなかったのであれば、「今日はこのタスクからやろう」と最優先に実行します。モチベーションが湧かなくて後回しにしてしまった場合は、どうしたらそのタスクに楽しく取り組めるか、何がやる気を失わせる理由になっているのかを考えることで、次第にどんなタスクもこなせるようになっていきます。

時間のメモも翌日に活かすことで、同じタスクを行う時にも、スケジュールが組みやすくなります。また、まったく同じとはいかないまでも似たような作業なら、「だいたいこれくらいの時間で終わる」という目安となり、予測とのずれが少なくなります。

最初のうちは、達成感を得て継続しやすくするために、毎日のＴＯＤＯリストをクリアファイルに保管し、１週間後、１か月後と期間を空けて机に広げてみてください。以前と比べて効率的に作業をこなせるようになっていたり、やり忘れが少なくなったり、１日の過ごし方が変わったりと、きっと何かしら変化があるはずです。

慣れてきたら、翌日に必要な部分を書き写した後、前日のＴＯＤＯリストは捨ててしまって構いません。

6

ＴＯＤＯリストとメモアプリの使い分け

ＴＯＤＯリストと併せて、ぜひ使っていただきたいのが、スマホのメモアプリです。アナログとデジタルをうまく使い分けることで、暮らしがもっと便利に豊かになります。どのように使い分けるか迷っている方は、これからご紹介するやり方を試してみてください。

ＴＯＤＯリストは前述したように紙とペンで作るのがおすすめですが、スマホのメモ機能にも大きなメリットがあります。それは、いつ、どんな時でもメモできるということです。**外出している時、電車の中、歩いている時など、ぱっと思いついたタスクがあった時は、スマホにどんどんメモしていきましょう。そして自宅や会社のデスクなどで落ち着いた時に、紙のＴＯＤＯリストに書き写します。**

「メモアプリに書いてあるんだから、わざわざ書き写さなくても良いのでは？」と思うかもしれませんが、これにも理由があります。ＴＯＤＯリストはすべてをひとつにまとめて**一箇所で管理した方が効率良く、やり忘れを防げるからです。**メモアプリで書いたタスクもすべてＴＯＤＯリストに集約する習慣をつけ、ＴＯＤＯリストに書き写したら、アプリに書いた内容は削除しておきます。完了したリストにマーカーを引いていくように、メモアプリの中身も書き写して一箇所にまとめてすっきりさせると気分が良く、だんだんと習慣になります。

タスク以外のメモアプリの使い方としては、「思いついたアイデアをメモしておく」「欲しいもののリストを書いておく」などもあります。すぐにメモしたい内容、**長期にわたって保存したい内容、何度も練り直したい内容はデジタルの方が合っています。**

私は日々、ＳＮＳの投稿を行っているので、投稿のネタ探しが習慣になっています。散歩している時、ドライヤーで髪を乾かしている時など、ふと思いついた時に投稿のアイデアをスマホでメモしておき、後からデスクでじっくりと眺め、投稿の内容を考えます。これは「思いついた瞬間にすぐに書きたいもの」「長期にわたって保存して随時練り直したいもの」なので、紙とペンではなくスマホを活用しています。

また、欲しいもののリストをスマホにメモするのもおすすめです。欲しいものがあったら、すぐに買わずにスマホでメモしておき、数日後、1週間後などに見返します。時間が経つと欲しい気持ちが薄れたり、そもそも買う必要がなくなったりすることもあるので、その場合はメモから削除します。こうすれば衝動買いも防げ、逆に、何週間も何か月もリストに残っているものは「本当に欲しいもの」なので、購入後は長く大切に使うようになります。

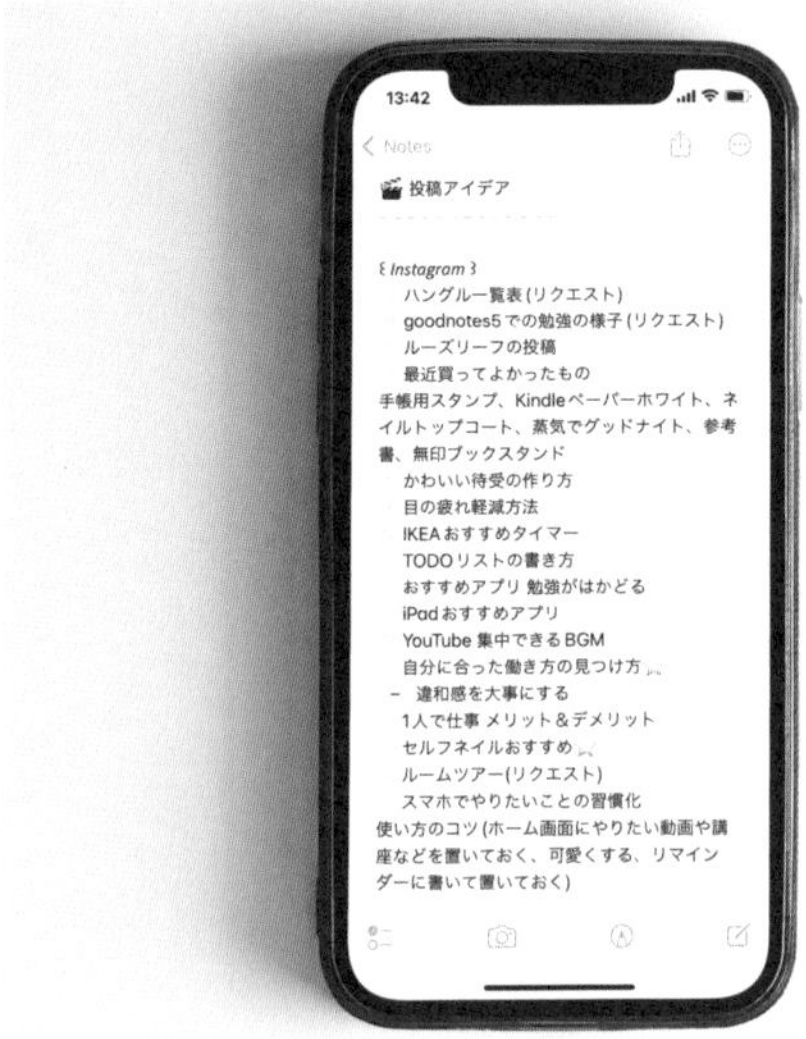

投稿のアイデア（上）や欲しいもの（下）を画像と一緒にメモアプリに記録。

7 手帳を書く目的と効果

ここからは、手帳を使って長期的に暮らしを管理する方法をご紹介します。

手帳は、暮らしを整えるのに最適なツールです。単に予定を管理するだけならGoogleカレンダーで十分なのですが、手帳にはそれだけではない多くのメリットがあります。

TODOリストがその日1日を記録し管理するツールだとしたら、**手帳は月間、年間の暮らしを記録して振り返ることを目的としたツール**です。「1か月前何してた?」と聞かれても、答えられる方はきっと少ないと思います。記憶には限界があるため、振り返るには記録する必要があります。手帳は、記録した日々を省みることでモチベーションを高め、良い習慣を作っていくのに最適なツールなのです。

私自身、手帳を使うようになってから、計画を立て、目標に向かって進んでいくことが上手になりました。手帳を書き始めたのは中学生か高校生の頃だったと思いますが、その頃は、テストの計画を立てるのに手帳が欠かせませんでした。また、毎年1年の始まりに

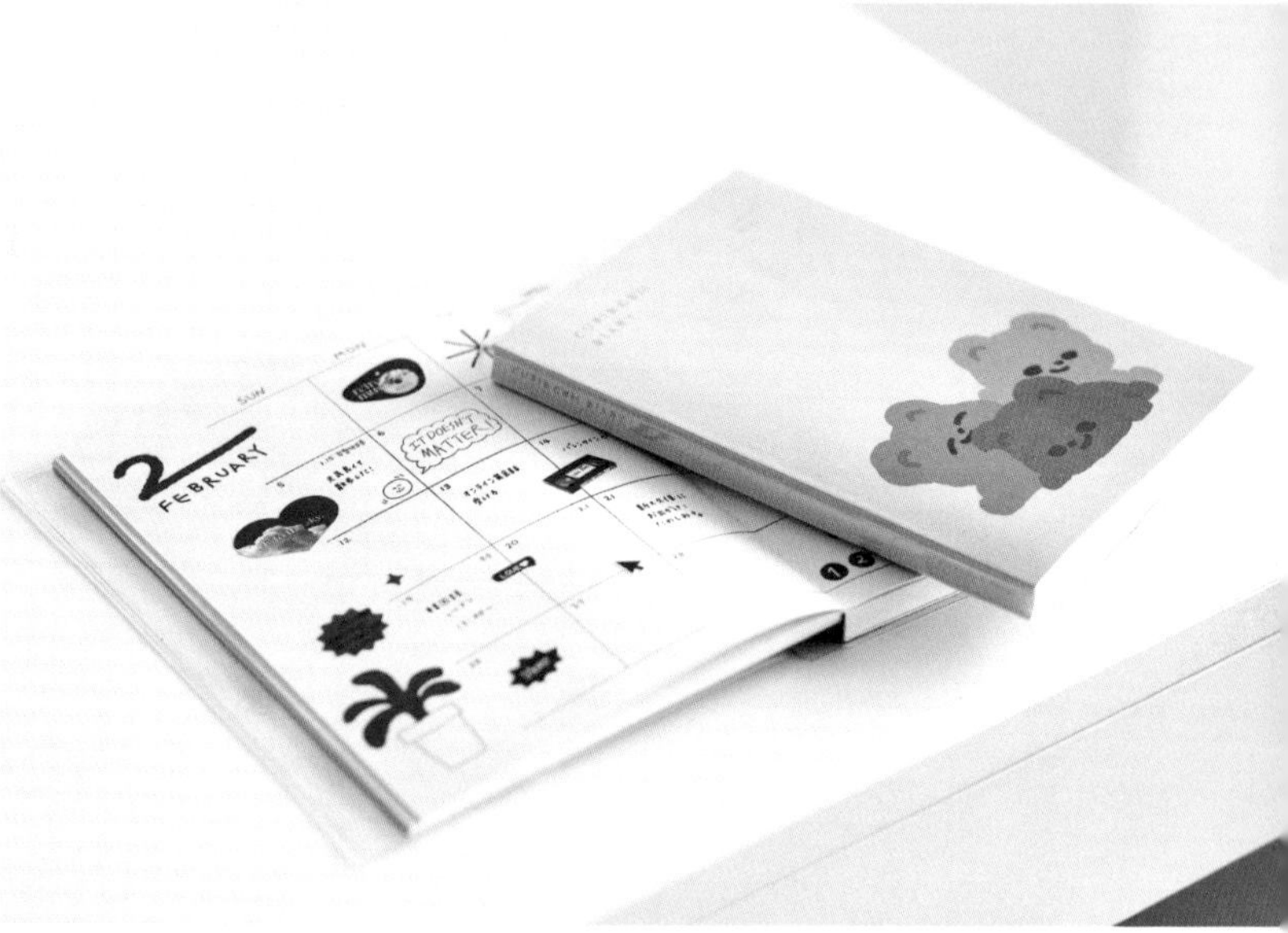

予定を管理するだけじゃもったいないです。手帳のいろいろなメリットを知って使いこなしましょう。

「今年の目標とやりたいこと」を書いたり、「将来こんな暮らしがしてみたい」と妄想してフリーページに書き出してみたり、手帳は私にとってワクワクする未来を見せてくれるツールでもあります。

また、手帳にもアナログとデジタルの2通りがありますが、私は基本的に紙の手帳とペンを使ったアナログの方法をおすすめしています。主な理由は3つあります。

ひとつ目は、**手書きの方が脳が活性化しやすく**、「書く」という効果を最大限に活かせるからです。タイピングで文字を打つのと、手書きでペンを使って書くのとでは、脳の使い方が異なります。手書きの方がアイデアが出やすかったり、気持ちが高まりやすかったりするのはそのためです。

2つ目は、**デジタルよりも見やすい**ということ。例えばスマートフォンやタブレットなどの場合、タップすることで別のページが表示されますが、紙の手帳ならパラパラめくるだけで内容を確認することができます。また、マンスリーのカレンダーページを想像していただくとわかりやすいと思いますが、アプリの場合は画面が小さいので、予定の一部が省略されて表示されます。一方、紙の手帳なら、書き込んだ文字が省略されることなく、一覧で見ることができるので便利です。

3つ目は、**自由に書き込みができる**ことです。書いたり消したり、どんなペンを使っても自由で、書き込みが増えていくごとに手帳への愛着が増します。たしかに、デジタルの方が文字のサイズを調節したり、後から別の箇所に移動させたり、融通が利いて使いやすい部分もあります。これは本当に好みによりますが、個人的には書き間違いも含めて記録として残したり、紙の手帳ひとつにすべてを記録したりすることで、後で振り返りがしやすいと考えています。また、ある程度の重さがあるタブレットを持ち運ぶより、紙の手帳は気軽に持ち運びできるのも大きなメリットです。

一方、デジタルの良いところもたくさんあります。例えば私の場合、手帳を紛失した場合に備えて、予定はアプリの方にも書き込んでいます。新しい予定ができた時は、まずGoogleカレンダーのアプリを使って予定を書き留めます。その後、落ち着いて書ける時に手帳を開いて書き写します。

また、アプリがリマインド通知を送ってくれたり、パソコン・スマホ・タブレット間で情報を共有できるのもデジタルの大きなメリットです。アナログ手帳はあくまでも一覧で予定を確認したり、今後の計画や目標を立てたりするのに最適なものなので、「予定を忘れないようにする」という点ではデジタルに頼るのが良いかもしれません。

手帳に書くことのメリット

- 目標に向かって何をすれば良いのか明確にし、叶えることができる
- 理想のライフスタイルや暮らしを実現することができる
- テスト勉強や資格試験に向けて、余裕を持って計画を立て、高得点を取ることができる
- 納期が決まっている仕事を、期日までに計画的に終わらせることができる

8

手帳の書き方と「できたことリスト」のすすめ

手帳の書き方や、各ページをどのように使うかについてですが、私はマンスリーページとウィークリーページがある手帳を使っているので、そちらを例に解説していきます。

【手帳の書き方】

1 マンスリーページ

まずはすでに決まっている**その月の予定**を書き込んでいきましょう。予定と時間は一緒に書き込みます。旅行などの数日間にわたる予定は、矢印をのばしてさらにマーカーなどを使って色付けするとわかりやすくなります。また、やる日が決まっていないものの、「この期間に終わらせたいな」と思っている予定も、同じようにして書き込むと良いでしょう。私の場合は、「この数日のどこかの晴れた日に、ショップの商品撮影をしよう」などと書き込むことがあります。

また、手帳にもTODOリストと同様に、やるべきことだけでなく、「サッカーの試合とM-1を見る」「韓国語の試験の申し込みをする」「ライブの申し込みをする」など、**趣味やちょっとした楽しみ**も書き込んでおきます。

期日までに終わらせたいことは、その日の欄の上の方に書き、さらに日付を色付けして目立たせるのがおすすめです。私も本書を書く際、各章をいつまでに書くか期限を決めて、その期日に色付けしておきました。マンスリーページに書き込めば、**今から期日までにどれくらいの時間があるのか視覚的に一瞬でわかります。**

予定や計画は、その日の欄いっぱいには書かずに、後から書き足せるスペースがあれば理想的です。空いたスペースには**ひと言日記**や、**予定の振り返り**を書いたりできます。

1か月の予定を一通り書き込んだら、次に「生活リズムを整える」「ライブを楽しむ」「vlogを投稿する」など、**週間の小さな計画や目標**を作って書き込みます。実感として、手帳を開くたびにそれを目にすることで「この1週間のうちにやりたいな」という気持ちが高まり、達成できる確率が上がる気がします。私は週ごとの欄の左側に書き込んでいますが、横にスペースがない場合は上部や下部の空きスペースを使ってください。

2

デイリーページ or ウィークリーページ

1日単位で書けるデイリーページ or 週間単位のウィークリーページには、**その日達成できたことと日記**を書いています（日記の詳細はP60参照）。その日達成できたことは、TODOリストから「できたこと」だけをピックアップして手帳に書いていくことで、日を追うごとに「できたことリスト」が増えていきます。1週間が終わった時には、**その週に自分が何をしたのか、何を終えることができたのかがわかってシンプルに記録としても役立ちます**し、何よりも「これだけ頑張れた」という充実感があり、**また次の週も頑張ろうという気持ちにつながります。**

ただし、頑張れない日や、やりたいことがほとんどできずに終わってしまった時は、TODOリストも手帳もお休みするか、「できたこと」を探して書きましょう。この時のコツは、**些細なことでも「できた」ことを書き出すことと、例えば、1日寝ていた時は「1日リラックスできた」などと良い言い方に変換して書く**こと。そうやって書くと、「全然頑張れなかった」と思う日でも何かしらできたことに気づけたり、前向きなものの見方ができるようになって気持ちが楽になります。

W
T
F
S
5
朝から勉強できた!
6
TOPIK申し込み
スタート!
申込
完了
7
肩こりひどい…
ストレッチ
しよう!
けて読書して
夜DMM
ッスン!
ARE YOU KIDDING ME?
オンライン
英会話
楽しかった!
vlog up!
12
今回は
オープニング
付けてみた
できた!!
13
I WANT LOVE OR DEATH
14
整体行って
ちょっとすっきり
ステッパーも
買った!
家でのんびり
過ごした日:)
19
VIVA LA ROCK
先行申し込み締切
20
PENGUIN
RESEARCH ライブ!
21
MY FAVORITE
体調不良で再調整
2章書き終わる!
鼻うがい12日目
体も気持ちも
良い感じ:)
26
いろいろ作業
すすめられた!
27
美容院でカット・
カラー・縮毛矯正!
12:30〜
28
DELIVERY

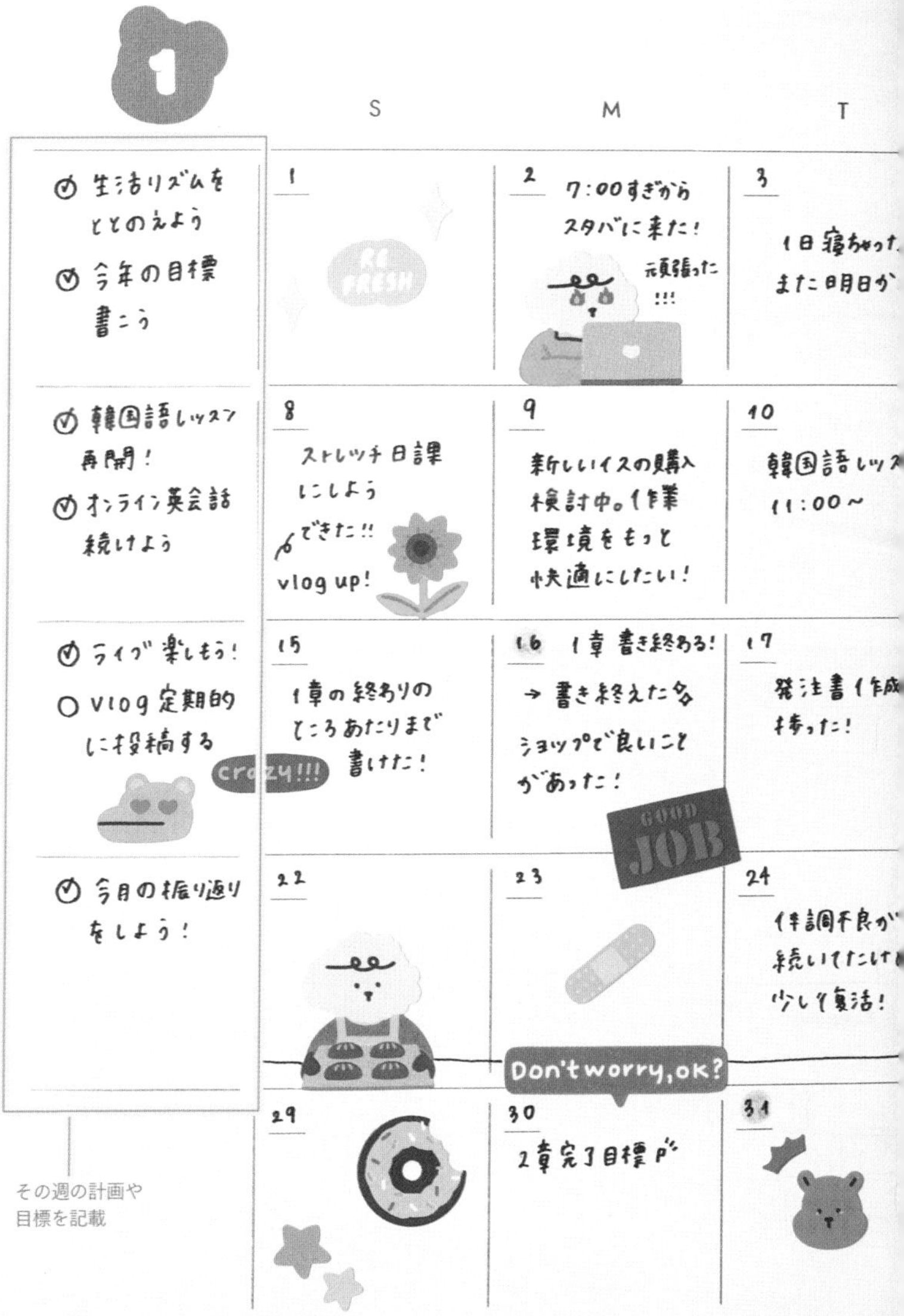
1
S
M
T
生活リズムをととのえよう
今年の目標書こう
韓国語レッスン再開!
オンライン英会話続けよう
ライブ楽しもう!
vlog定期的に投稿する
今月の振り返りをしよう!
1
RE FRESH
2
7:00すぎからスタバに来た!
頑張った!!!
3
1日寝ちゃった
また明日か
8
ストレッチ日課にしよう
できた!!
vlog up!
9
新しいイスの購入検討中。作業環境をもっと快適にしたい!
10
韓国語レッス
11:00〜
15
1章の終わりのところあたりまで書けた!
crazy!!!
16
1章書き終わる!
→書き終えた後
ショップで良いことがあった!
GOOD JOB
17
発注書作成
捗った!
22
23
24
体調不良が続いてたけど
少し復活!
Don't worry, ok?
29
30
2章完了目標
31
その週の計画や目標を記載

1か月の予定と、1週間単位の計画や目標を書き込んだマンスリーページ。

Wednesday

- カフェで読書
- 本書き進めた
- 発注書作成
- vlog編集

英会話と読書楽しめた日

今日はKindle持ってカフェ行って
ゆっくり読書の時間取れた。
オンライン英会話もちょっと楽しくなってきた！

Thursday

- 語学の勉強
- 発注書作成
- note書いた

インドネシア語勉強してみた日

4:00に起きた！でもお昼すぎに
眠くなって22:00くらいまで寝ちゃった…
早く生活リズム戻したい。

Friday

- カフェで読書
- オンライン英会話
- note・インスタ投稿

オンライン英会話受けてカフェで読書した日

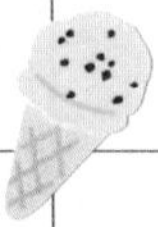

7 Saturday

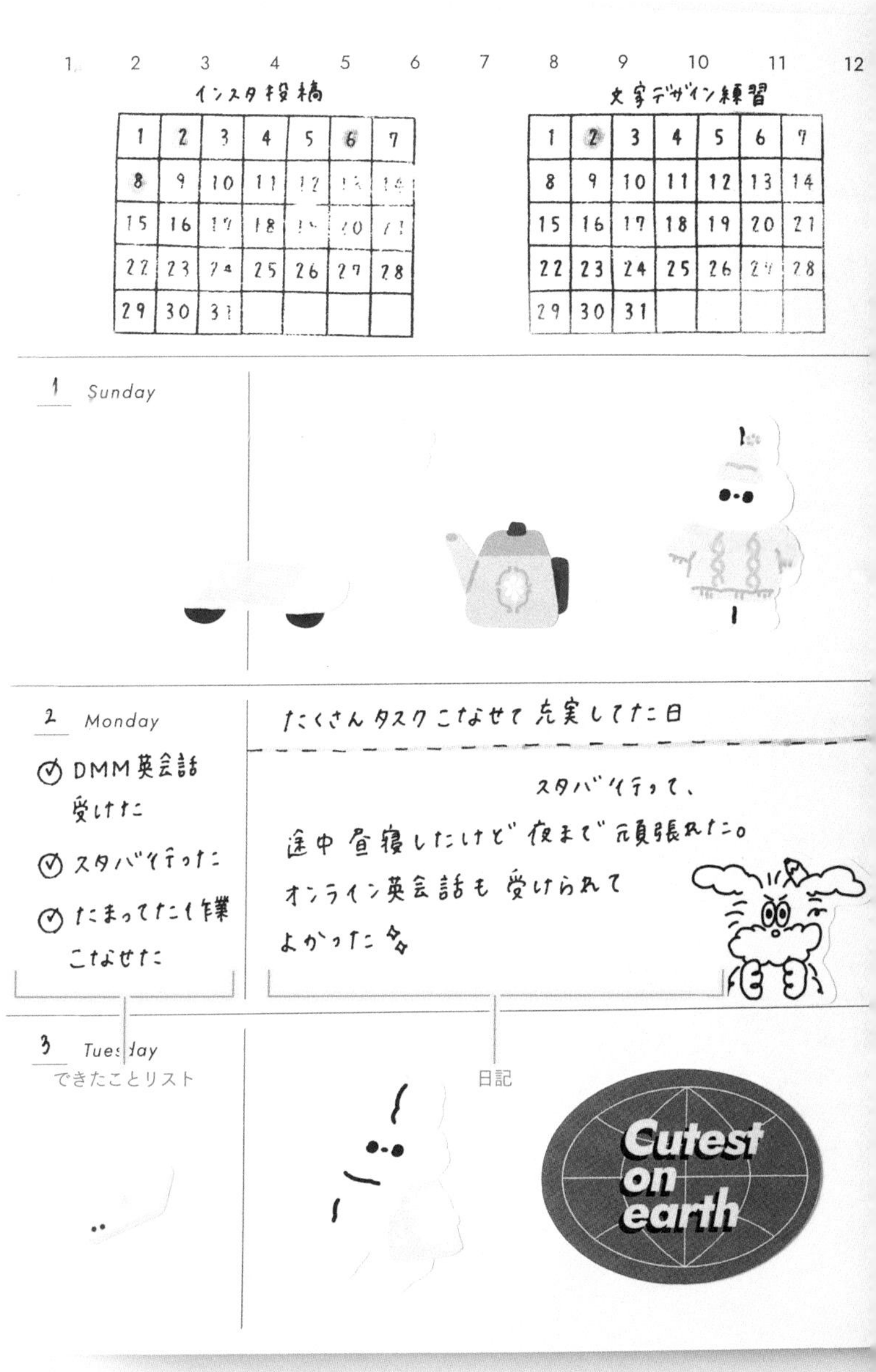
インスタ投稿
文字デザイン練習
1 Sunday
2 Monday
DMM英会話受けた
スタバ行った
たまってた作業こなせた
たくさんタスクこなせて充実してた日
スタバ行って、
途中昼寝したけど夜まで頑張れた。
オンライン英会話も受けられて
よかった
3 Tuesday
できたことリスト
日記
Cutest on earth

できたことリストや日記を書き込んだウィークリーページ。

9 期日までに確実に終わらせる計画の立て方

「この日までに終わらせるはずの作業だったのに、期日を過ぎてしまった」という経験はありませんか？　そういう方こそ、手帳を活用してみましょう。

【期日までに終わらせる手帳活用法】

1 **この日までに終わらせたいという日付にカラーペンで色をつけ、**当日からその日まで何日間あるのかを数えます。

2 **別のメモに、終わらせたいタスクをできるだけ細かく分けて書き出していきます。**

3 **タスクを優先度順に並べ替えます。**試験勉強の計画を立てるなら、試験日程に合わせてどの科目を優先的にやるとか、苦手な科目を優先して勉強する、などです。

4 **それぞれの日程で何をするかを割り振って、それを手帳に書き込みます。**マンスリーページに書き込めない時は、フリーページを使ってもＯＫです。

この時のコツは、時間を多めに見積もることと、終わらない場合に備えて予備日を２日間程度作ることです。なかなか計画通りにはいかないものなので、詰め込まずに余裕を持って予定を割り振り、予備日を作っておくと安心です。

　また、終わらなかった場合は、どうして終わらなかったのかをメモして次に活かします。これを何度も繰り返していくうちに、計画を立て、決めた通りに終わらせることができるようになっています。

計画を立てる時に書き出したメモを手帳に反映。

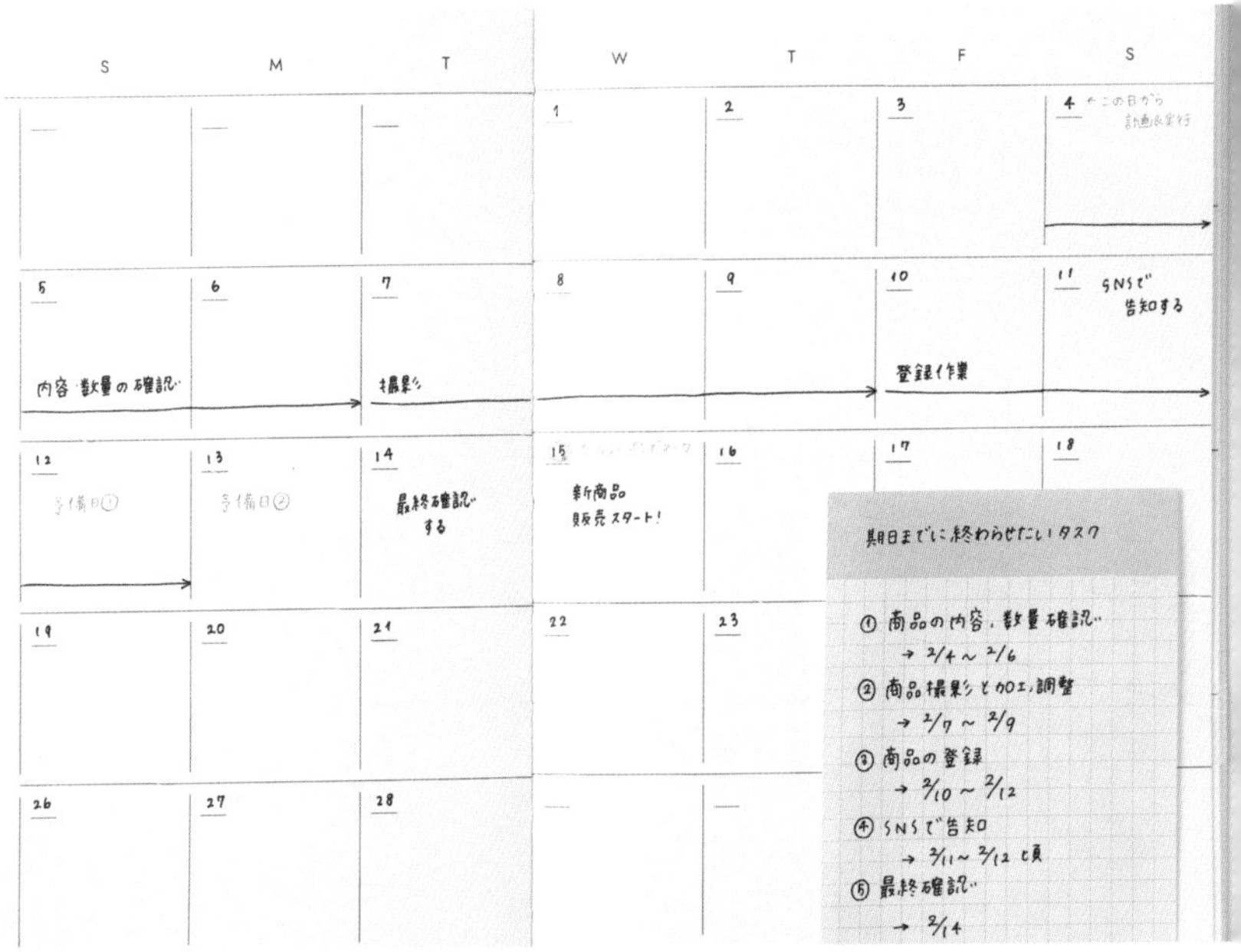

10 自分に合った手帳の選び方

ここまで手帳に書く内容を見てきましたが、そもそもどのように手帳を選んだら良いかわからない方もいるかもしれません。私も長年手帳を使ってきて、いくつかポイントがわかってきました。

まず、手帳は**見た目が大事**です。どんなに使い勝手が良くても、毎日眺めてテンションが上がるものでなければ、使い続けようという気持ちになりません。

次に、**持ち運びのしやすさを考えて、サイズ感や厚さ**を選びましょう。

最後にチェックするのが**レイアウト**です。基本的にマンスリーページはありますが、手帳によってはデイリーページやフリーページが少ないか、そもそもないものもあります。日記など、その日の記録もつけておきたいので、デイリーかウィークリーページがある手帳をおすすめします。

マンスリーページの1日の欄に複数の予定を入れると見にくくなる場合は、このデイリーや、ウィークリーページを活用して予定を管理します。デイリーページとウィークリー

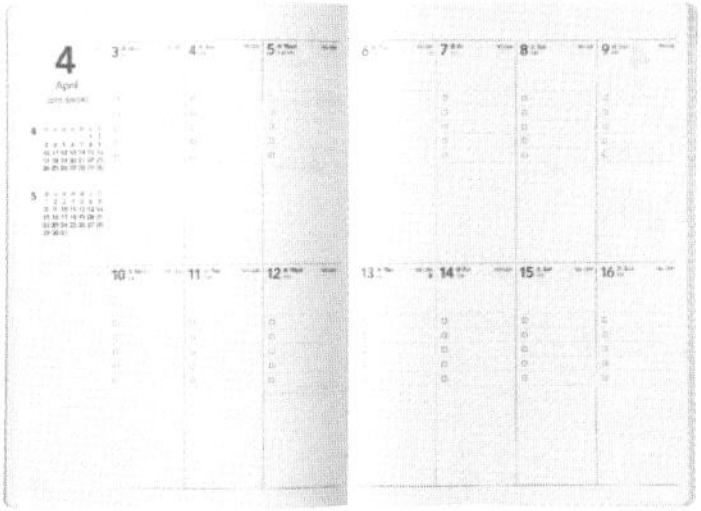

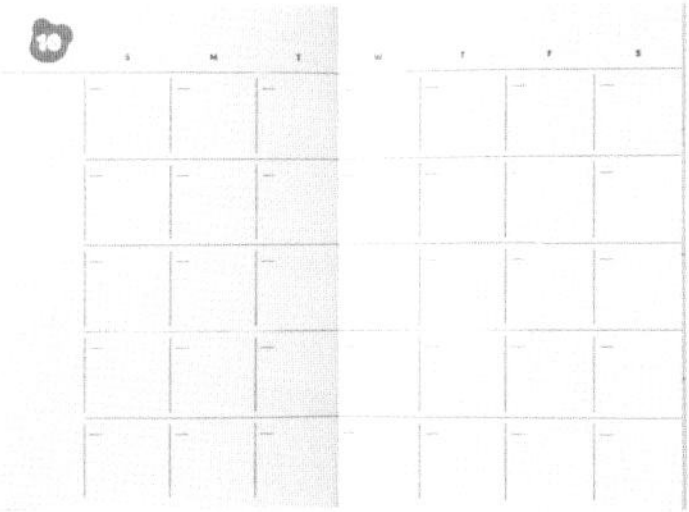

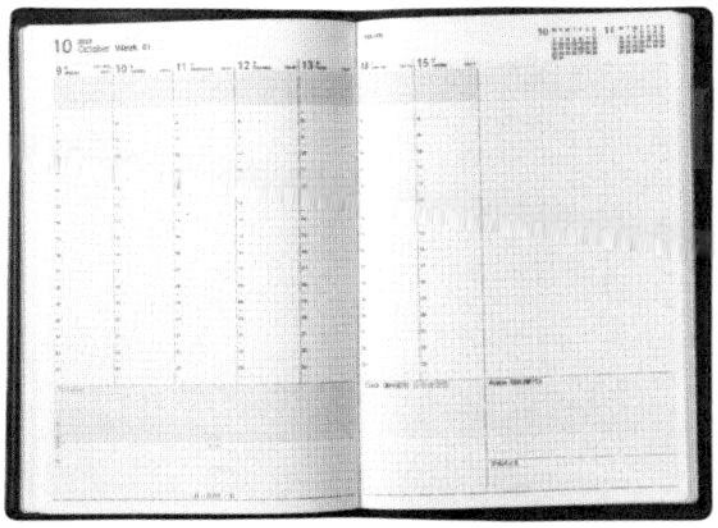

右上が1見開き1か月のマンスリーページ、左上が1見開き2週間のウィークリーページ、左が時間軸が入ったウィークリーページ。ほかにも1日1ページのデイリーページなど、自分のライフスタイルや好みに合わせた使いやすい手帳を探してみて。

ページのレイアウトもいろいろなタイプがありますが、1日の中でいくつもの予定がある方は、時間軸が書かれたバーチカルタイプが管理しやすいでしょう。

このように、デザインから絞り込みつつ、ふだんの生活に合わせて毎日使うのに不便のないサイズ・厚さ、レイアウトを選んでください。基本はマンスリーページとデイリーページ or ウィークリーページのある手帳が使いやすく、日々の記録用としても十分です。そのほかの要素については、デザインや見た目、ページの種類のバランスを見て、好みの1冊を探してみてくださいね。

11 手帳が楽しくなるデコレーション

手帳を使うことを日課にするには、書くことが楽しくなる工夫が必要です。私も最初はなんとなく予定を黒いボールペンで書き込んでいるだけでしたが、使っていくうちに手帳を自分の好みにデコレーションすることで愛着が湧き、毎日開くようになりました。

「手帳は見た目が大切」とお伝えしたように、その内容もぱっと見た時にテンションが上がるかどうかが大切です。ステッカーやカラーペンなどを使って、どんどんデコレーションしていきましょう。

【手帳をおしゃれにデコレーションするコツ】

1 統一感を大事にする

これは意外と簡単で、テーマカラーを決めることで8割方、統一感が生まれます。「今月はブルー系にしよう」と決めたら、ブルーのステッカーやカラーペン、マーカーを使うようにします。慣れてきたら、テーマカラーを2色にしても良いでしょう。その時の気分や、季節のイメージから決めても楽しいです。

カラーのほか、月ごとのテーマを決めたり、同じ種類のステッカーだけを使ってデコレーションするのも良いでしょう。大人っぽい落ち着いた雰囲気、キャラクター中心のカラフルで賑やかな感じなど、テーマに合わせたステッカーやマスキングテープなどを使うことで統一感が出ます。

2 文字の大きさを統一する

文字の大きさを合わせて、全体の統一感を出します。また、今までいろいろな手帳を見てきて、文字は小さめに書いた方が、可愛くてまとまった印象になると感じます。

3 アイデアを探す

ＩｎｓｔａｇｒａｍやＰｉｎｔｅｒｅｓｔなどを見ていると、素敵な手帳がたくさん見つかります。ステッカーの貼り方やレイアウト、使っているペンなどを参考にして、自分の手帳作りの参考にしてみましょう。

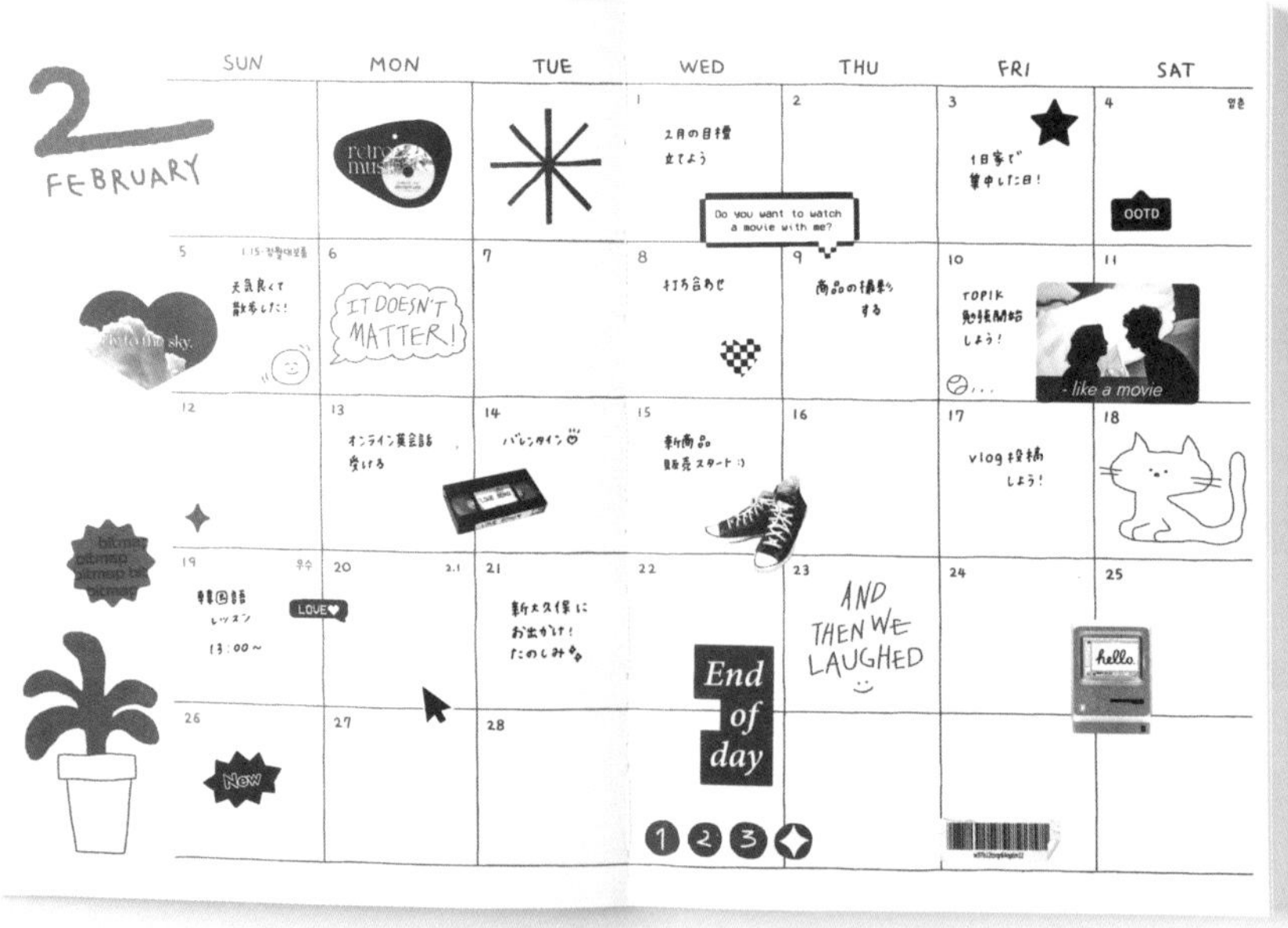

テーマカラーは2色まで。文字の大きさもそろえるとさらに統一感が出ます。

大きな文字で字間を空けて書くより、小さめの
文字で詰めて書いた方が可愛らしい印象に。

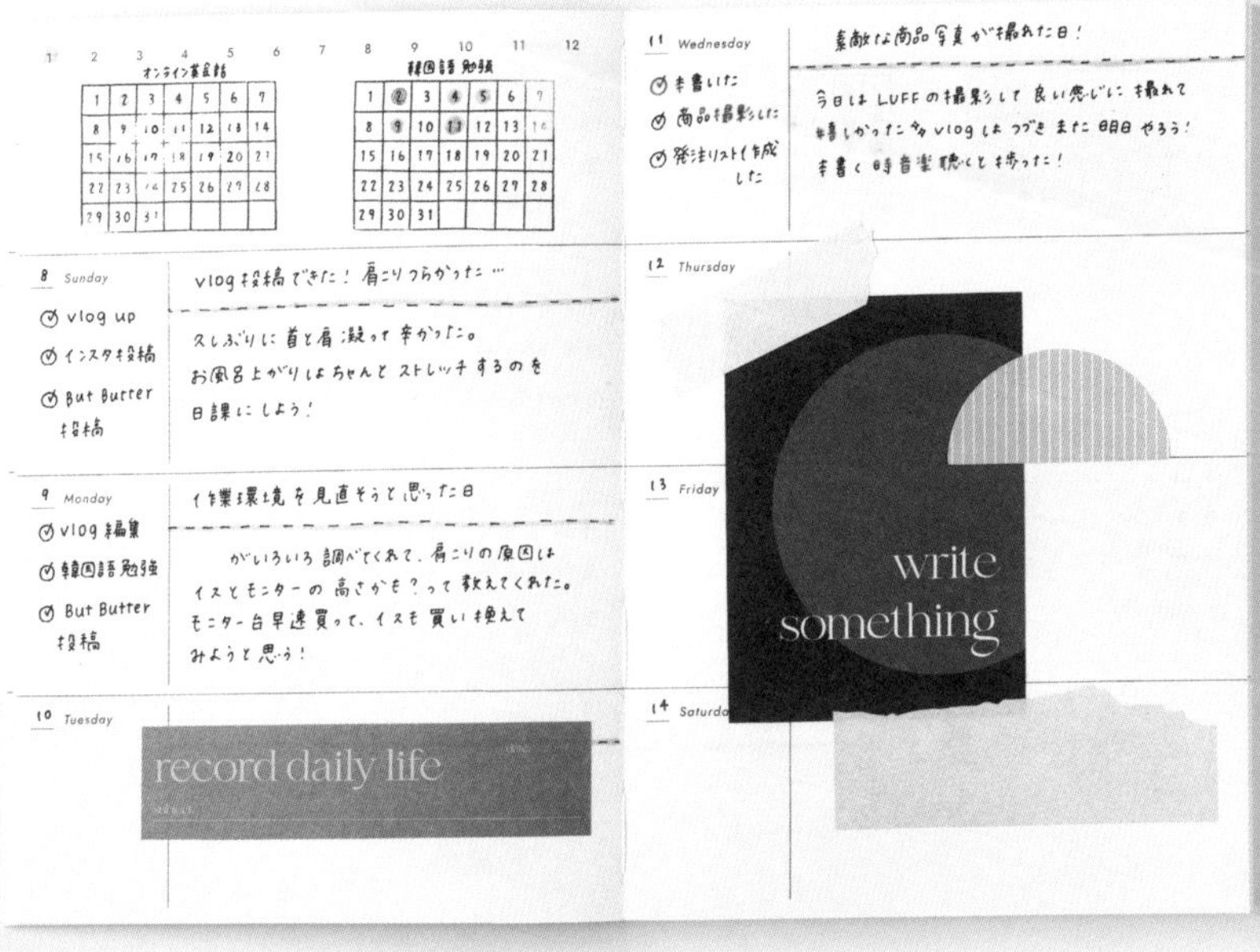

12 毎日日記を書くメリット

手帳に予定を書いたり、計画を立てたりする方法がわかったところで、次のステップは日記を書く、です。人生で一度は日記を書いたことがある、という方は多いと思います。そのくらい日記はシンプルで始めやすいものですが、メリットや効果が今ひとつ見えづらいことから、途中でやめてしまう人も少なくありません。そこで、ここでは日記を書くことで起きるメリットや効果をご紹介します。

【日記を書くメリット】

1 言語化が得意になり、思考がクリアになる

「ふだん文章を書き慣れていない」という方にこそ、日記を書くことをおすすめしたいです。なぜなら、日記は誰かに見せるためのものでもなく、自由に書くことができるからです。はじめのうちは、うまく言葉で表現できなくても、続けているうちに、だんだんと頭の中にある記憶や感情の言語化がうまくなっていきます。

日記を書いていると、自分の思いや考えを改めて文字として目にすることになります。頭の中でモヤっとしていたことが、はっきりと言葉になることによって「私はこんなことを考えている」と認識することができます。すると、物事を順序立てて考えられるようになったり、人に説明する時にスムーズに言葉が出てくるようになったりします。言語化が上手になることは、考えるのが得意になることと同じです。つまり、**日記を通して考える力を鍛えることができる**のです。

2 ポジティブな出来事に目を向けられるようになる

日記に、「今日あった良いこと」を見つけて書くだけでポジティブな気持ちになり、実際に良いことが多く起こるようになっていきます。

私はお笑いが好きなのですが、トーク番組やＹｏｕＴｕｂｅを見ていると、芸人さんはびっくりするほどたくさんの面白エピソードを持っていることに驚きます。それはきっと、面白く話す話術を持っていることに加え、いつも**面白い出来事に焦点を当てているからこそ、日常の中でそれが浮かび上がって見え、気づけるようになる**のだと思います。日記に良かったことを書くのも同じ原理で、その日見つけたポジティブな出来事を書き出すことで、良いことを見つけるのがうまくなります。毎日ひとつでも良かったことを見つけて書き留めておくことで、「良いことって結構あるんだな」と思えるようになってくるので、ぜひ試してみてください。

3 感情と向き合うことで、行動を変えられる

その日の出来事や思ったことを素直に書いていくと、特に辛いことや悲しいことがあった時に、気持ちが落ち着き、励まされる効果があります。誰かに吐き出すことができないことも、文章に書き出すと頭のモヤモヤが晴れてすっきりすることもあります。

また、どうしてそう思ったのか、どんな出来事がそういう気持ちにさせたのか、じっくり考える機会にもなります。「なんとなく嫌な気持ちになった」で終わるのではなく、言語化＝思考がクリアになるのと同様に、「こういう状況の時にこういう気持ちになる」という傾向がわかってくると、それに合わせた生き方や暮らし方ができるようになります。

私の例で言うと、働き方について悩んだ時期がありました。仕事をしていてどんな時に楽しいか、逆に辛くなるかを書いていたら、組織で働くことや、毎日同じ時間に同じ場所に向かうことが特に辛いとはっきり認識でき、働き方を見直すきっかけになりました。働き方を見直して、自分に合った方法を模索してフリーランスとなり、自分で生活を管理するようになってからは、以前と比べてストレスを感じることなく仕事ができています。

ほかにも、私は多趣味で、大人になって新しい趣味や習い事を始めることがよくあります。その中で、習い事に毎週行くのが辛くなることが時々あって、それを日記やノートに書き出しました。すると、「この日までに練習しないといけない」「宿題を終わらせないといけない」と思ってしまうことが、暗い気持ちの原因になっていることに気づきました。つまり、私は定期的にどこかに行くよりも、独学で自分のペースで進める方が楽しく続けられるのだとわかったのです。自分の気持ちと向き合い、マイルールを見つけたことで、趣味を楽しく続ける方法もわかりました。

こんなふうに**日記を通して自分の感情と向き合い、どんな時にどのような気持ちになるのかを記録していくと、これからの人生をもっと心地良く過ごすためのヒントが見つかります。**毎日いろいろなことを考えたり思ったりしてもどんどん忘れてしまうので、日記に書き留めて今後の生き方を見直すきっかけにしていきましょう。

また、日記をたまに見返すと、1か月前、1年前の自分はこんなことをしていたんだなと、成長や変化が感じられて面白いものです。

ぜひ気軽に、まずは1行だけでも良いので日記を始めてみましょう。

13 日記の書き方と続けるコツ

日記は、手帳のウィークリーページ or デイリーページに書くか、薄くてかさばらないマンスリーページのみの手帳を使っている人は、別の日記帳に書いてもOKです。ここでは手帳を例に進めていきます。

私のおすすめの日記の書き方は、その日のタイトルを決めて、その下に文章を書いていくやり方です。タイトルをつけるメリットは、後から見返した時、何をした日なのかが一目でわかることと、自分にとって大切な出来事が何なのかがわかること。特に、1日にいくつもの出来事があると何を書いたら良いかわからなくなってしまうので、**先に「今日のハイライト」をタイトルにしておきます。**

例えば、「M-1」を見て感動した時や、肩こりが辛かったら、それをタイトルにします。肩こりをタイトルに?と思うかもしれませんが、体の不調は仕事の進捗具合にも大きく関わることなので、「この日は肩こりがひどかったんだな」と認識することで、運動するとか整体に行くなどの対策が必要だと考えるきっかけになります。

タイトルが決まったら、いよいよ日記を書いてみます。ふだんはさらっと3〜4行書く感じで十分です。もちろん、書くのが好きな方はもっと長くても構いません。ただ、気負ってたくさん書くと、続けるハードルが高く感じてしまうので、疲れている時には1行だけでも十分です。

日記は続けることが大事なので、忙しい時や体調を崩した時に書くのを中断しても、途切れ途切れでもいいので、ぜひ続けてみてください。休んだ間の空欄を見るとやる気がなくなってしまうという人は、「この日はお休み」と後から書き足しても良いし、空欄にステッカーを貼るだけでもOKです（P59の手帳参照）。そんな時のために、大きめのステッカーをいくつか用意しておくと良いでしょう。

14 Wednesday
Full of fun things
DAY3
おやすみ
15 Thursday
この日までおやすみ。アニメ観たりあつ森してのんびり過ごした！また少しずつ進んでいこう :)
happy together
16 Friday
インスタ投稿
But Butter 投稿
17 Saturday
But Butter 投稿
インスタ投稿
vlog 編集
タイトルをつけたり、シールを貼ったり。楽しく続けられる工夫を試してみてください。

14 行動と感情の記録をつける

日記には多様な書き方がありますが、私がいろいろ試してきた中で、タイトルをつけた後の文章の書き方については、行動と感情の両方の記録を短くシンプルに書くのが良いと感じています。

まず、「今日は○○をした」のような形でひと言書きます。これは行動の記録なので、書き出しに迷うことがありません。いくつ書いても良いですが、続けるためにはある程度短い時間で終わった方が良いので、1～2行書けば十分です。

次に、その行動や出来事による感情の変化についても書いておきます。これもまた1～2行で、嬉しかったこと、落ち込んだこと、モヤモヤしたことなど、何でもOKです。1日を思い返して、一番印象に残っている感情を書いておきましょう。

ふだん人に見せることはないのでちょっと恥ずかしいのですが、実際の私の日記の例をいくつか挙げてみます。

「今日はvlogを更新した。もっと更新頻度を上げたい。期限を決めて投稿する習慣を作ってみよう」

「ワールドカップはアルゼンチンの優勝で盛り上がった日だった。これがきっかけで初めてサッカーに興味が湧いた。ちゃんと観てみてよかった！　来年は試合を観に行きたい」

「今日のオンライン英会話は朝起きられなくてキャンセルした。無理に朝に入れるのはやめよう」

「今日はヒロアカ（『僕のヒーローアカデミア』）を観て感動して泣いた。本当にすごいアニメだと思う」


こんなに短くて良いの？と思うかもしれませんが、これくらいシンプルでもしっかりと日記の効果は得られます。

例えば、「vlogを更新した」というのは行動の記録ですが、それに対して満足していない気持ちがあり、もっと更新頻度を上げてたくさん投稿したいと感じたことを書き留めています。「今後はどうすれば更新頻度を上げられるか」という課題が見えてきて、そのために行動するようになります。実際、私は、この後からvlogの更新頻度について真剣に向き合い、編集に凝り過ぎないよう意識したり、より効率的に編集する方法を調べたりして、編集時間を短縮して更新頻度を上げることができました。

ワールドカップについて書いた日のことはよく覚えています。サッカーの知識があまりなく、スポーツ自体それほど見ないのですが、この時は夫にルールや知識、それぞれの選手の背景などを教えてもらったおかげで、いつもより試合を楽しむことができました。それ以来、「サッカーの試合を観る」というひとつの楽しみができました。今ではYouTubeでスーパープレーや好きな選手の試合を観て、楽しんだり感動したりしています。

こうして心が動いた出来事を書き留めることで、自分がどうしたら楽しいのか、感動するのかがはっきりとしていくのも、日記の素敵なところだと思っています。

出来事を書く↓その時の感情を書く、という数行の日記だけで、日常の改善策や新しい趣味や好きなものなど、今後の暮らしを豊かにしていくヒントがたくさん見つかります。

数行で終わるシンプルさも魅力なので、ぜひ試してみてください。

15 もっと楽しむ！　日記の書き方

基本の書き方がわかったところで、こんな書き方もおすすめという日記を楽しむコツを3つご紹介します。

【日記を楽しむ書き方のコツ】

1 マンスリーページの予定の下に振り返りを書く

私は、デイリーページやウィークリーページに日記を書きますが、マンスリーページを利用するのもひとつの手。日々の予定の下に感想をひと言添えたり、できた、もしくは、できなかった、などをつけ加えます。予定がない日は、良かったことや嬉しかったことを書くのもいいでしょう。こうすれば、予定がない日に空欄ができてしまうのを防ぐことができ、また、後から見た時にページが賑やかで見返すのが楽しくなります。

例えば、「朝からカフェで勉強を頑張った」「肩こりがひどいからストレッチしよう」など、簡単な文章で大丈夫です。オンライン英会話の予定があった日なら、その下に「楽し

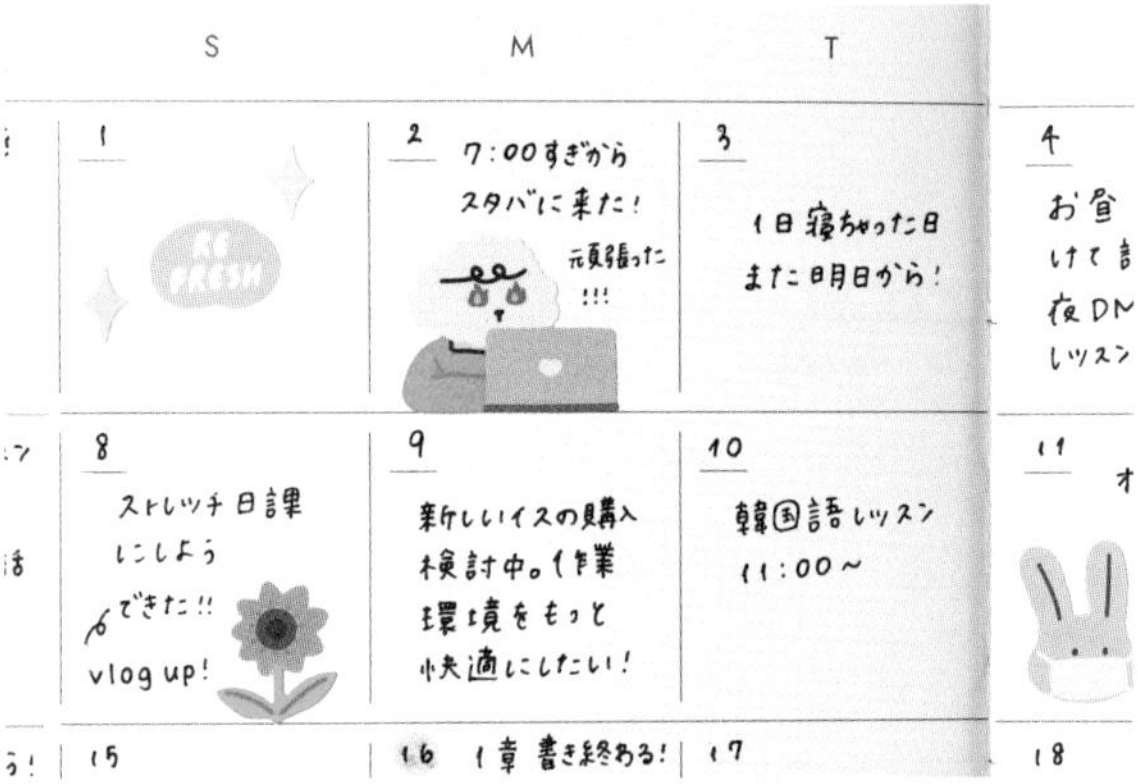
S
M
T
1
2
7:00すぎから
スタバに来た!
頑張った
!!!
3
1日寝ちゃった日
また明日から!
4
8
ストレッチ日課
にしよう
できた!!
vlog up!
9
新しいイスの購入
検討中。作業
環境をもっと
快適にしたい!
10
韓国語レッスン
11:00~
11
15
16 1章書き終わる!
17
18
手帳のマンスリーページを使ったひと言日記の例。

く話せた」「言いたいことが言えなかった」というように記録しておきます。

2 毎日取り組みたいことの記録を書く

毎日継続してやりたいことがあるなら、それについて日記に書くのもおすすめです。例えば、ダイエットのため食事改善をしたい時、その日の食事改善がうまくいったかどうかを書き留めます。これも行動を改善する効果と同様、「今日はたくさんお菓子を食べた」と書いたら、どうしたらお菓子の食べ過ぎを防げるかを考えるきっかけになります。

また、私は不器用でずぼらなので料理に苦手意識があるのですが、「今日は○○を作ったら美味しかった」「○○を作ったら夫が喜んでくれた」と書くことで、また料理してみようと思えるようになりました。今後、力を入れて頑張っていきたいことがあったら、そのことについても書き加えてみてください。

3 ネガティブな内容も締めくくりは明るい言葉で

日記に嫌なことや悲しいことを書き出すことで、ストレス発散にもなります。ただ、ネガティブなことばかり書いていると気持ちが沈んでしまうので、最後は明るい言葉で締めくくりましょう。「今日は嫌なことがあった」だけでなく、その後に「気持ちを切り替えてまた明日から頑張ろう」と自分に声をかける感じで書いてみると、ちょっと気持ちが落ち着いたりします。

また、書くことで嫌なことや辛いことをどう回避するか、対策を考えるきっかけにもなります。例えば、仕事で辛いと思う日が増えているなと思ったら、「思い切って転職もありかもしれない」「ずっとやりたかったことを仕事にしてみようかな」などと、変化やチャンスにつながるかもしれません。

日記を書く習慣は、言語化する力を鍛えたり、自分の気持ちや傾向を認識できたり、新しい趣味の発見につながったり、それがたったひと言だとしても、大事な自分だけの記録になります。

16 日記を振り返る時間を作る

日記を1週間、1か月と続けたら、振り返る時間を作ってみましょう。ここでは、書いた内容をさまざまな視点から振り返る方法をご紹介します。

【日記の振り返り3選】

1 楽しかったこと、感動した出来事を思い返す

日記をパラパラとめくってみると、数日経って忘れていた楽しさや感動を思い出すことができます。先ほどのサッカーやアニメに関する日記のように、毎日を過ごしていると忘れてしまうような思い出も、その日に書いた文章を振り返ると「あの時楽しかったな」とリアルに思い返せるものです。前向きな気持ちを呼び起こし、毎日を楽しいものにしてくれたり、「久しぶりにまたやってみよう」と思えたりします。

2 「できたことリスト」を見返す

TODOリストから抜き出して日記と一緒に書いた「できたことリスト」は、今後の自

分を後押ししてくれます。日々たくさんのタスクがあって、できないことに罪悪感を持つことは多々あります。そんな時、できたことリストを見返すことで、仕事を頑張っていたり、趣味を楽しんだり、できたことも意外とあることに気づけます。

3 自分の生活を客観的に見てみる

私は以前、不眠がひどく、今でも時々不眠がちになることがありますが、それでも以前よりずっと症状が良くなりました。これは日記のおかげと言っても過言ではありません。

例えば、「10分間腹筋をしてプロテインを飲んだ日は体調が良く寝つきも良い」など具体的な行動とその結果を書くことで、だんだんと自分の体調の傾向がつかめ、改善へとつなげることができました。これは日々記録をつけていないと気づけないことで、日記の効果を強く実感した出来事でした。**日記を振り返って自分の生活や行動のパターンを把握すると、未来の行動を変えていくきっかけにもなるのです。**

こんなふうにして、ＴＯＤＯリストで日々の暮らしを整えたり、手帳に計画や日記を書くことで生活全体を見直したり振り返ったりして、毎日を楽しく、そして気持ち良く過ごせる人が増えることを願っています。

CHAPTER 2

叶えるために書く

1 書くと叶う理由

本章では、書くことを通して目標や夢を叶えるための方法について解説します。

小さい目標から大きな夢まで、私はいつも書くことを通して向き合ってきました。「書くこと」と「何かを叶えること」にどのような関係があるのかピンとこない方もいると思うので、書くことが具体的にどのような作用をもたらすのか、私の実体験をもとにご紹介します。

また、特に目標が決まっていない、やりたいことがわからない、という人もいるでしょう。私も最初からやりたいことや叶えたいことが決まっていたわけではなく、それを考えるところから始めました。書くことが自分と向き合う助けになり、新たな目標が見つかるきっかけになります。

目標や夢は、時にはとても壮大で、どのようにして叶えればいいのか想像がつかない場合もあります。しかし、目標に向かうまでのステップを考えてやるべきことを細分化していくと、意外と実現できそうだと思えてくることがあります。目標を細かなステップと日常の習慣に落とし込むことで実現可能になるだけでなく、書き留めておけば目標を常に再確認して見直しができ、方向性を間違えないでゴールに向かって進めるという効果もあります。

方向性を間違えないようにするのは、目標を叶えるにあたって非常に大切です。目指すゴールがはっきりしていても、間違った方向に進んでいたら、いつまで経ってもたどり着くことができないからです。そうした私の失敗談も踏まえながら、目標を達成するための軌道修正方法もこの章で公開します。

書くことは、仮説と検証を繰り返したり、アイデア出しを行ったりするのにぴったりの方法です。私のノートには仮説と検証の結果の記録や、SNS発信のためのアイデアのほか、思いついたことは何でも書いてあります。例えば、仕事で同じ失敗を繰り返してしまう人、いつもうまくいかずに悩んでいる人こそ、ぜひ書くことをおすすめします。

また、勉強と書くことも密接に関わっています。勉強したいことを見つける、計画を立てる、テキストの内容をまとめる、勉強記録をつけるなど、すべてにおいて書く工夫を徹底することで、学生の時はテストで高得点を維持したり、社会人になってからは資格試験に合格したりと、その時々で目標を達成できるようになりました。

私は子どもの頃から自己肯定感がとても低くマイナス思考で、何をやってもだめだと思っていた時期がありました。でも、書くことで自分と向き合い、小さな目標を叶えることを繰り返したことで、「頑張れば何でもできるかもしれない」と思えるようになり、今では積極的にいろいろなことに挑戦するようになりました。

「書く」というとてもシンプルな行動が自分を支え、行動力やモチベーションを上げることにつながります。これを読んでいるあなたにも、ぜひ本章の内容を何かひとつでも試していただきたいです。

次項からは、私が実際にどのように書いて目標を叶え、やりたいことを達成してきたのか、手帳やノートの中身を紹介していきます。

叶えるために私が書いていること

2

1年の目標とやりたいことを決める

まず、目標を叶えるステップをどのように作っていくかを解説します。ノートに書いてもいいのですが、目標は予定や計画とも深く関わってくるので、月ごと、週ごとなどのフォーマットがあって管理しやすい手帳に書き込むのが良いと思います。「手帳には、ある程度整理した内容をきれいに書きたい」という人は、はじめにノートやA4用紙などに書き出して、まとめてから手帳に書いてもOKです。

書くものが決まったら、やりたいことや目標を設定します。人によっては、「目標は特に決めず、その時々で考えたこと、やりたいことをやっている」という方もいるかもしれませんが、個人的には、仮でもゴールを決めて方向性を確認していくことが大事だと感じています。というのも、**一旦ゴールを決めれば、そもそもゴールは正しいのか、方向性は間違っていないのかを考える目安になる**からです。

やりたいことや目標は、趣味や仕事関連など、ぱっと頭に思い浮かぶものをどんどん書いていきましょう。「少し気になる」程度のことでも、実際にやってみたらしっくりくることもあります。ゴールも方向性も後からいくらでも修正できるので、最初から完成された目標を考える必要はありません。また、「週3日は自炊して美味しい料理を作れるようになる」など、日常の些細なことでも構いません。自由に好きなように、できたらいいなと思うことを書き出してみてください。

ただし、ひとつだけやってはいけないことがあります。それは、最初から「これは叶わない」と決めつけて頭から追い出してしまうこと。今はどんなに難しいと感じることも、細かいステップに分けて時間をかければたどり着けるものなので、思いついたことはすべて書き出してください。どうしても何も思いつかなかったら、「楽しい趣味を見つける」など、やりたいこと探し自体を目標にしたり、誰かの目標ややりたいことリストを参考にしたり、興味が湧くものを書き写してもいいでしょう。

目標を決める時の達成期限は、あまり長過ぎると具体的な目標が立てにくく、今の自分と環境や考え方が変わってしまう可能性もあります。そのため、まずは1年単位で目標を定めてみましょう。1年後の自分なら想像しやすく、目標の具体性もあり、管理しやすい期間でもあります。

1年では間に合わないかも、と感じる目標も、叶えるのが現実的に難しそうな目標も、とりあえず書き出しておきます。後から3年、5年と期間を延ばして計画を立て直すこともできるし、3年かかりそうな目標なら、1年目の今年はどんなことができるのかを考えることにもつながります。

実現できる、できないなど可能性については考えず、
まずはやりたいことを書き出してみましょう。

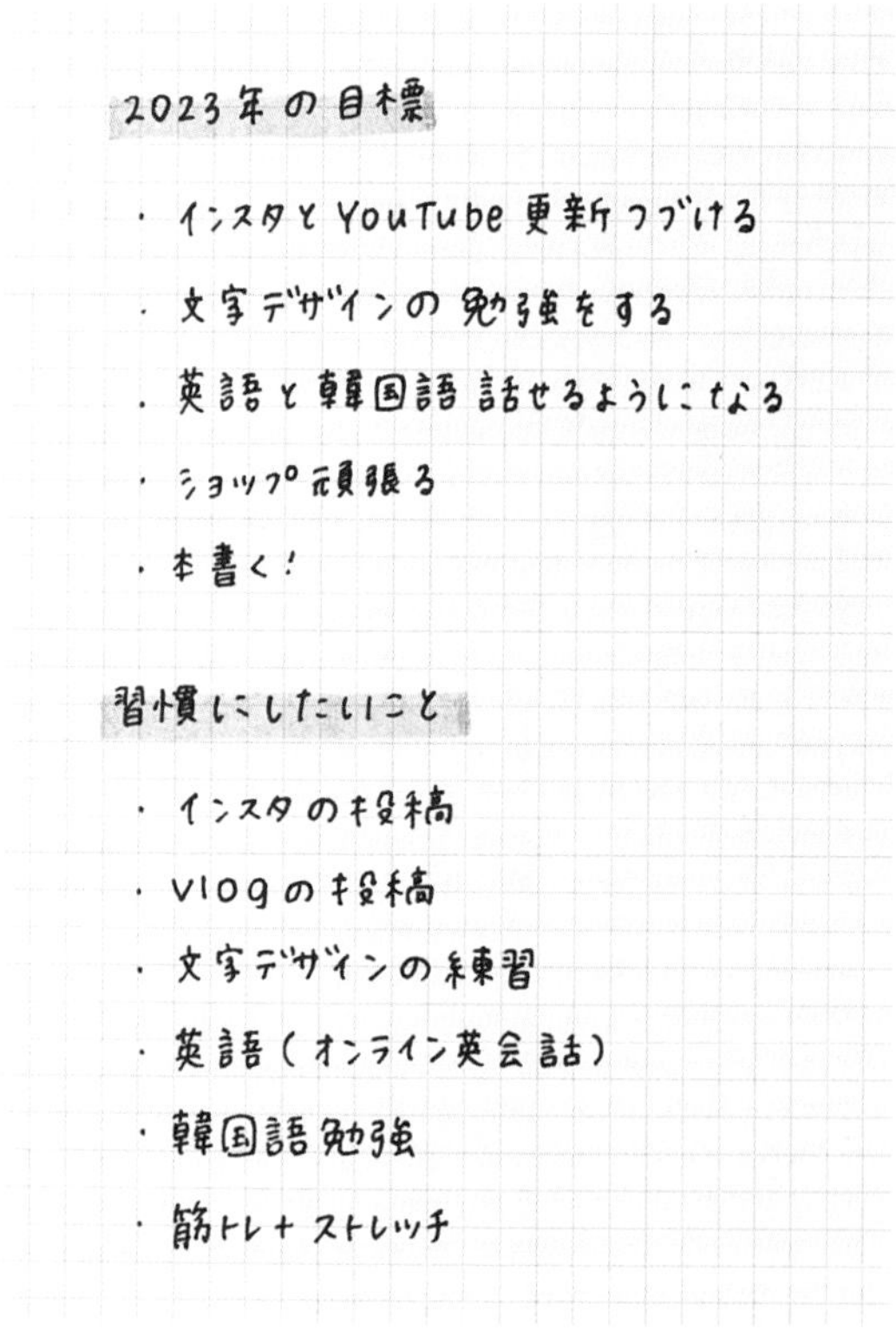
2023年の目標
・インスタとYouTube更新つづける
・文字デザインの勉強をする
・英語と韓国語話せるようになる
・ショップ頑張る
・本書く!
習慣にしたいこと
・インスタの投稿
・vlogの投稿
・文字デザインの練習
・英語(オンライン英会話)
・韓国語勉強
・筋トレ+ストレッチ

3 年間の目標を月ごとの目標へ落とし込む

1年の目標が設定できたら、そのために何をすれば良さそうかを書き出していきます。

例えば、韓国語が話せるようになりたいなら、「試験を受ける」「会話の練習をする」「勉強を続ける」のように具体的な行動へと分けて書きます。具体的に何をすればいいのかわからない時は、「韓国語を話せるようになりたい」とWebやSNSなどで検索し、ほかの人がどうやって達成したのかを参考にするといいでしょう。

余裕があれば、何の試験を受けるのか、何級をいつ頃受けるのがいいのか、会話の練習は誰とどうやってできそうか、継続の習慣をつけるにはどうすればいいのか、それぞれをさらにもう一段階掘り下げて調べると、より進めやすくなります。

書き終わったら、具体的な行動を12か月それぞれに割り振って

■ 韓国語を話せるようになりたい
→ 試験を受ける，知識の定着に良い → TOPIK，ハングル検定
→ 会話の練習をする → オンラインで探そう，DMMかカフェトーク？
→ 勉強を続ける → 朝と夜どっちが良さそうか，記録もつけよう

目標を達成するための具体的な行動を書き出します。

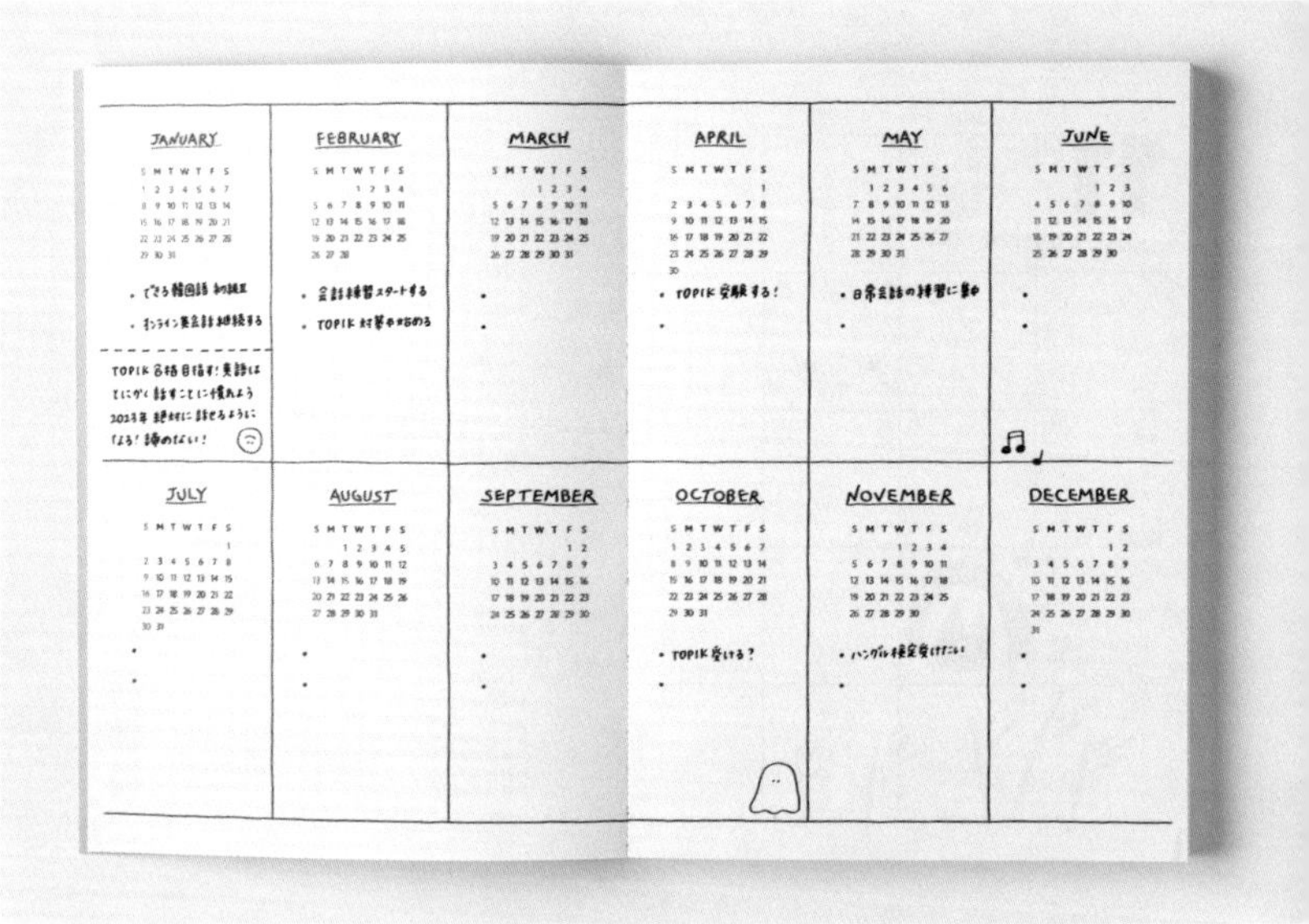

「韓国語を話せるようになる」という目標達成のための具体的な行動を、12か月に割り振ったページ。

いきます。4月に韓国語の試験がある↓1月にはこのテキストをまとめる↓2月にはリスニングを強化↓3月には模擬試験で仕上げる↓というように。あまり詰め込まずに、ひとつの目標に対して、1か月に1行動を割り振ると無理がありません。

月ごとに落とし込む理由は、振り返りと改善がしやすいからです。1年前のことは思い出せなくても、1か月前のことなら比較的思い出しやすく、振り返りもしやすくなります。こうして一定期間で区切りを作ることで改善ポイントを見出し、翌月に活かすこともできます。

4

目標を習慣に置き換える

みなさんは、「習慣が変われば人生が変わる」という言葉を聞いたことはあるでしょうか。人生は1日1日の積み重ねで、毎日の習慣を見直すことでじわじわと大きな変化をもたらすということです。目標を叶えるためには、どんな習慣を身につければ達成できるのかを真剣に考えて、その習慣を生活に少しずつ組み込むことが大切です。目標が今の自分とは遠いものや壮大なものならなおさら、ステップの細分化が必要になります。

例えば、10kg痩せたいと思っているだけでは、ダイエットはなかなか成功しないものです。まずは、今の自分の状況と向き合ったり、効果的な方法をいろいろと調べて試してみたりしなくてはなりません。この時、急に10kg痩せるのは難しくても、間食を減らす、たんぱく質や野菜を積極的に摂る、といった日々の小さな習慣に落とし込んでいくことで、いつのまにか目標に近づいていることに気づくでしょう。

韓国語を話したい、という目標も同じです。韓国語上達のために会話練習が必要だと思

韓国語の会話練習について
→ オンライン or オフライン？ → オンラインの方が気軽にできそう！
→ DMMかカフェトークで探してみる
→ まずは週3回カフェトークでレッスンを受けることを習慣にする

目標のために、まずは何をしたらいいのかを書き出してみましょう。

ったら、オンラインで韓国の方と話せるサービスを探し、登録します。後は「オンラインレッスンを週3回受ける」と決めて実行に移せば、自然と会話練習の習慣が身につき、そのうちに実力もついてきます。

また、私には海外で暮らしたいという目標もあります。海外で暮らすには何が必要か↓知識とお金が必要↓いつどんな手続きやどのくらいの費用が必要なのかと考えていき、それを達成するためには何をすればいいのかを何度も掘り下げて考え続けるうちに、目標に近づいている実感があります。

ステップの細分化ができたら、それを習慣としてきちんと実行できているか管理する必要があります。

毎日の習慣を管理するのにもっともおすすめしたい方法は、「ハビットトラッカー」を活用することです。ハビットトラッカーは、1か月間、自分で決めた習慣を達成できたかどうかを記録するチエックリストのようなものです。TODOリストと同様に、できた日のマスを塗りつぶすことで達成感が得られたり、連続で達成できればモチベーションも上がります。自然と続けたい気持ちになるし、塗りつぶしたマスが増えていくほど、自然と目標に近づいていることにもなります。

一方で、近づいている実感がない、何か月経ってもあまり変化を感じられないという場合には、目標から具体的な行動への落とし込みが間違っている可能性があるので、一旦立ち止まってゆっくりと見直す時間を取りましょう。

私も目標と習慣のずれに気づかず、英語の勉

自分で決めた習慣を達成できたかどうかを記録するハビットトラッカー。

	1	2	3	4	5	6	7	8	9	10	11	12	13	14	15
オンライン英会話															
腹筋10分															
早起きする															
間食しない															
デザインの勉強															

インスタ投稿

1	2	3	4	5	6	7
8	9	10	11	12	13	14
15	16	17	18	19	20	21
22	23	24	25	26	27	28
29	30	31				

文字デザイン練習

1	2	3	4	5	6	7
8	9	10	11	12	13	14
15	16	17	18	19	20	21
22	23	24	25	26	27	28
29	30	31				

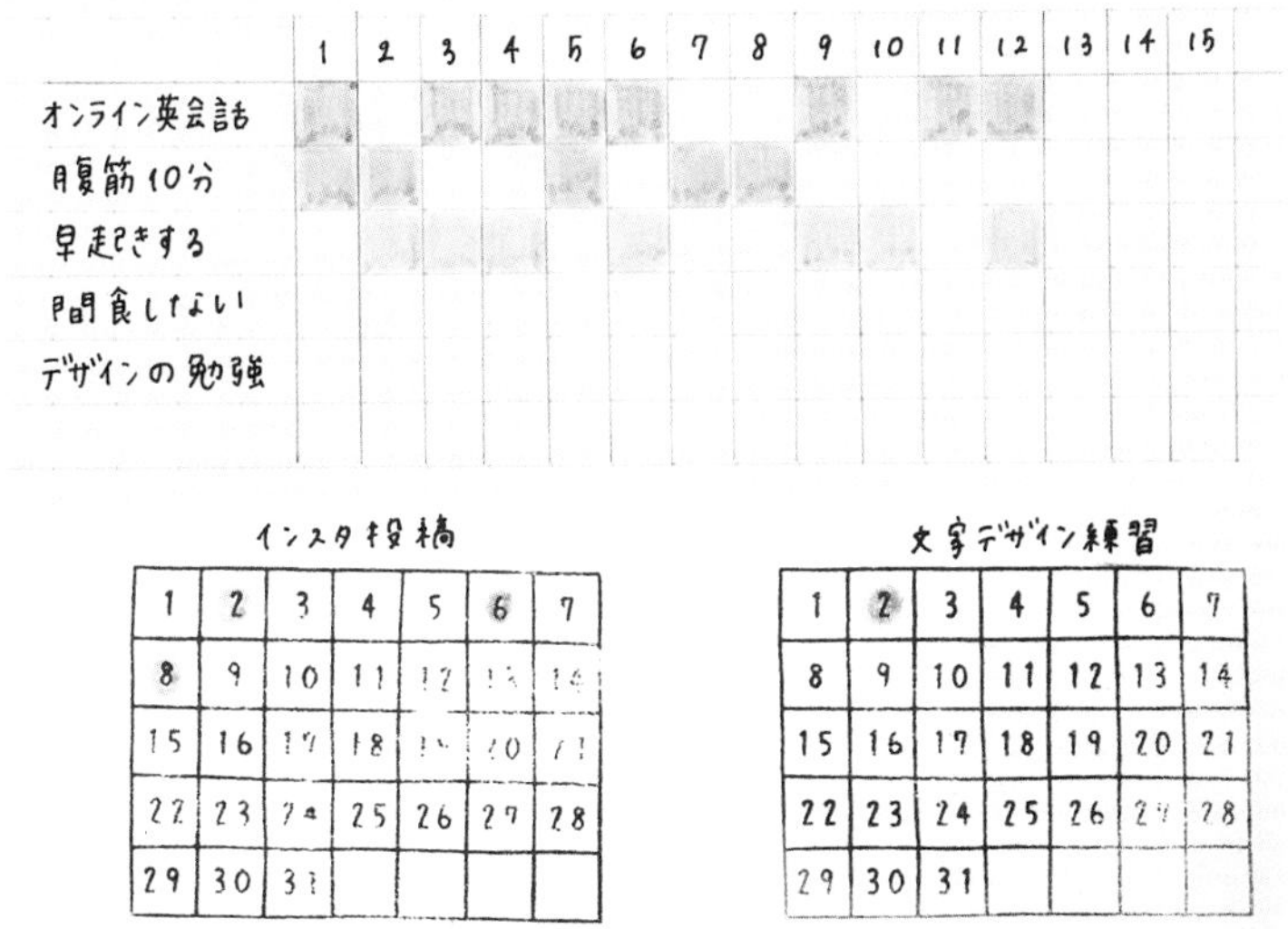

強でずいぶん遠回りをしたことがあります。「英語を話せるようになりたい」と思っていたのに、「ＴＯＥＩＣで高得点を取る」ことを目標に設定して、ひたすら難しい単語の暗記や、長文の速読練習を続けていました。もちろん、試験対策としての英語力は上がりましたが、英会話は思ったほどは上達しませんでした。というのも、日常会話に難しい単語は必要ではなく、長文の速読よりも基本的な単語を使って話す練習の方が必要だったからです。

その後、さまざまな情報を頼りに、「話せるようになるためには話す練習が必要」という、考えてみればシンプルで当然の結論に行き着きました。一度は「自分にはセンスがない」と英語を諦めようとした私も、努力とやり方次第だと思い直し、勉強方法を修正、変更しながら、オンライン英会話、発音練習、シャドーイング、英語でひとり言を話すなど、今の習慣に落ち着きました。

目標を達成する過程で、挫折も失敗もつきものです。みなさんも「最初からうまくいかなく

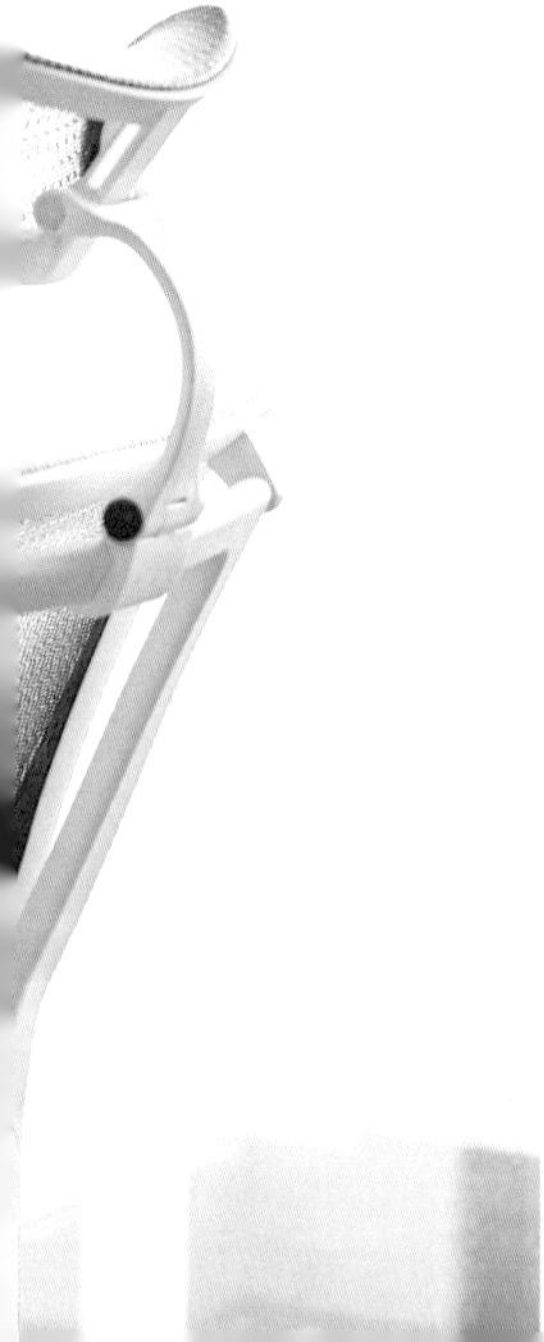

て当然だから気楽にやろう」と考えて、目標を立ててみませんか。

落とし込み方を間違えて挫折しそうになっても、諦めずに別の習慣や行動に変えていけば大丈夫。時間はかかってもいつかは道が拓けるはずなので、書くことで自分に合った習慣を見つけて粘り強く取り組んでみてください。

勉強習慣を見直して、オンライン英会話で英語力をブラッシュアップしています。

5 「自分と向き合うノート」を1冊用意する

ここからは、ノートを活用する方法を紹介していきます。手帳はフォーマットが決まっているので、自由に何でも書きたい時には使いにくい場合があります。そこで、ノートを1冊用意して「自分と向き合うノート」を作りましょう。

このノートには、日々の暮らしの中で気づいたこと、疑問や悩み、理想の自分や暮らし、仕事やスキルアップに関することやアイデアなど、思いついたことは何でも書き込んでいきます。「自分の思考と向き合うために使うノート」として捉えてください。

基本の書き方は簡単で、日付と見出し、考えたことや感じたことを記録します。日付は、いつ、どんなことを考えていたのかの振り返りのためにも重要なので、忘れずに書いておきましょう。

使う文房具は、とにかく書きやすさにこだわっています。

手帳はある程度まとまった情報や予定、計画を書く一方で、ノートにはまとまっていない考えなどを思うまま書きたいので、大きめのノートを使用しています。

愛用しているのはコクヨの「キャンパスソフトリングノート」。名前の通りリングが柔らかく、手に当たってページの端が書きにくいということがありません。ストレスフリーで書けて、ノート自体も軽く表紙のカラーも可愛いので気に入っています。ペンは前章でも紹介した「サラサマークオン0・4㎜」で、マーカーを引く場合も滲まないので便利です。

「自分と向き合うノート」は、頭の中にあるものを書き出して、ストックしていくイメージです。このノートを作り始めて、もう何年も経ちますが、これを見返すことで、いつ何を考え、

愛用のコクヨ「キャンパス ソフトリングノート」と「サラサマークオン0.4㎜」

何に取り組んだのかがわかるようになります。

私はよく、仕事で調べ物や仮説と検証を行い、より良い方法を探すことがあります。その際、記録が残っていると後から同じ悩みが出てきたり、同じ状況に陥ったりした時に参考にできるので、後々役立つ場面が多くあります。

また、書き出すごとに頭の容量が空いていく感覚で、思考がすっきりするのも良いところです。言ってみれば「頭の外付けハードディスク」のようなもので、頭の中のデータをノートが代わりに記憶してくれることで、書き出した後は新たなことに集中できます。

ただ、何を書いてもいいと言われると、余計に何を書けばいいのかわからないという方もいるかもしれません。そこで、次ページからは「自分と向き合うノート」に書きたい内容を、いくつかパターン別に解説していこうと思います。

6

これからやってみたいことを箇条書きで書く

「自分と向き合うノート」を用意したら、まずは「これからやってみたいこと」を箇条書きで書いてみましょう。手帳にもやってみたいことを書き出すとお伝えしましたが、ノートでは大きなページに自由に書けるので、よりアイデアが出しやすいと思います。ここでは、「やってみたいこと」をもっと深く掘り下げて探したい時の書き方を説明します。

「これからやってみたいこと」は達成期限にこだわらず、少しでも興味があることや、人生でいつかできたらいいなと思うことを書き出します。すると自分が何に興味を持っているのかがはっきり自覚できたり、将来への楽しみな気持ちが高まってきたりする効果があります。ノートに書き留めておけば何度も目にすることになるので、時間ができた時に「やってみよう」と思い立って行動できるのもメリットです。さらにこれを発展させると、人生を通してやりたいことを見つけるきっかけにもなります。

私はフリーランスとして働いているのですが、独立して何年か経った頃、働き方や今後の生き方に迷ったことがありました。自分で仕事を作ったり探したりと積極的に行動するべきだと思いつつも、どんな方向性で頑張れば楽しさや充実感を感じられるのかわからなくなってしまいました。そこで、ノートにやりたいことをどんどん書き出し、「難しいかも」と思うことも書いてみたところ、海外に住みたい、語学が堪能になりたい、さまざまな国の文化を知っていろいろな人とコミュニケーションを取ってみたい、私と同じように働き方や生き方で悩む人の助けになりたい、と考えていることに気がつきました。

当時は美容について発信するなど、今とはまったく違うことに取り組んでいたため、箇条書きで素直に書き出した内容に自分でも戸惑いましたが、この方向で進んでみようと考えるきっかけになりました。実際に今、当時書き出したことが私のメインテーマとなり、語学の勉強の様子、働き方や暮らしに関する

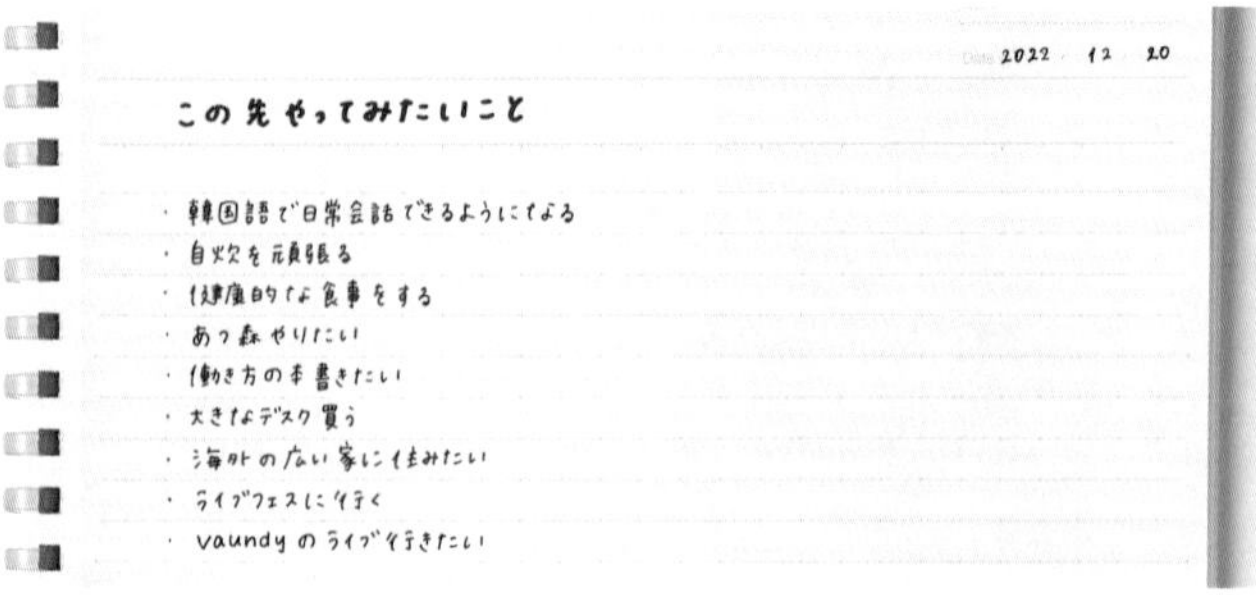

Date 2022 12 20
この先やってみたいこと
・韓国語で日常会話できるようになる
・自炊を頑張る
・健康的な食事をする
・あつ森やりたい
・働き方の本書きたい
・大きなデスク買う
・海外の広い家に住みたい
・ライブフェスに行く
・vaundyのライブ行きたい

やりたいことを書き出したページ。

内容を発信することで、充実感や幸福感を得られています。みなさんも、最初から「これはできない」と自分でストッパーをかけずにノートに書き出してみることで、ふだん気づけなかった気持ちや願望に気づけるようになるかもしれません。

また、ノートは1回書いて終わりではなく、気づいたらいつでも開いて書き足したり、新たにまっさらなページを使って書いたりしてみてください。

例えば、私も本書を書く中で「本を書くのって大変だけど、やっぱり楽しいな」と思いながら、「あのテーマについても書けたら楽しそう！　書いてみたい！」と思いつき、特に予定もないのに書きたいテーマをノートにいくつも書き出しました。叶うかどうかはわからなくても、言語化するとふわっとしていた願望が輪郭を持ち始め、繰り返し書いたり目にしたりするうちにだんだんとその輪郭がはっきりとして、記憶に残るようになります。

何かをやってみたいと思うことは、それ自体がとても素敵なことだと思います。やってみたいことがあるというのは、生きるための原動力になります。その大切な記録として、ワクワクする気持ちを持って書いてみてください。

7

なりたい自分と理想の暮らしを妄想する

学生時代から、「なりたい自分と理想の暮らし」を妄想してノートに書くのが好きでした。書き出すと本当に楽しい気持ちになり、どうしても実現したくなり、どうやったら実現できるんだろうと自然と考えるようになります。

「なりたい自分」は、ダイエットして好きな服を着こなす、憧れていた仕事をする、趣味を楽しむなど、何でもＯＫ。自由に書いてみてください。憧れの人を想像して書いてもいいかもしれません。

「理想の暮らし」は、家やインテリア、毎日のスケジュール、何を仕事にしてどんな趣味を楽しんでいるのかなど、できるだけ具体的に書きます。

過去の「自分と向き合うノート」を振り返ってみたら、今の自分が、そこに書いてあるインテリアやスケジュール通りに生活していることにびっくりしたことがあります。実際、

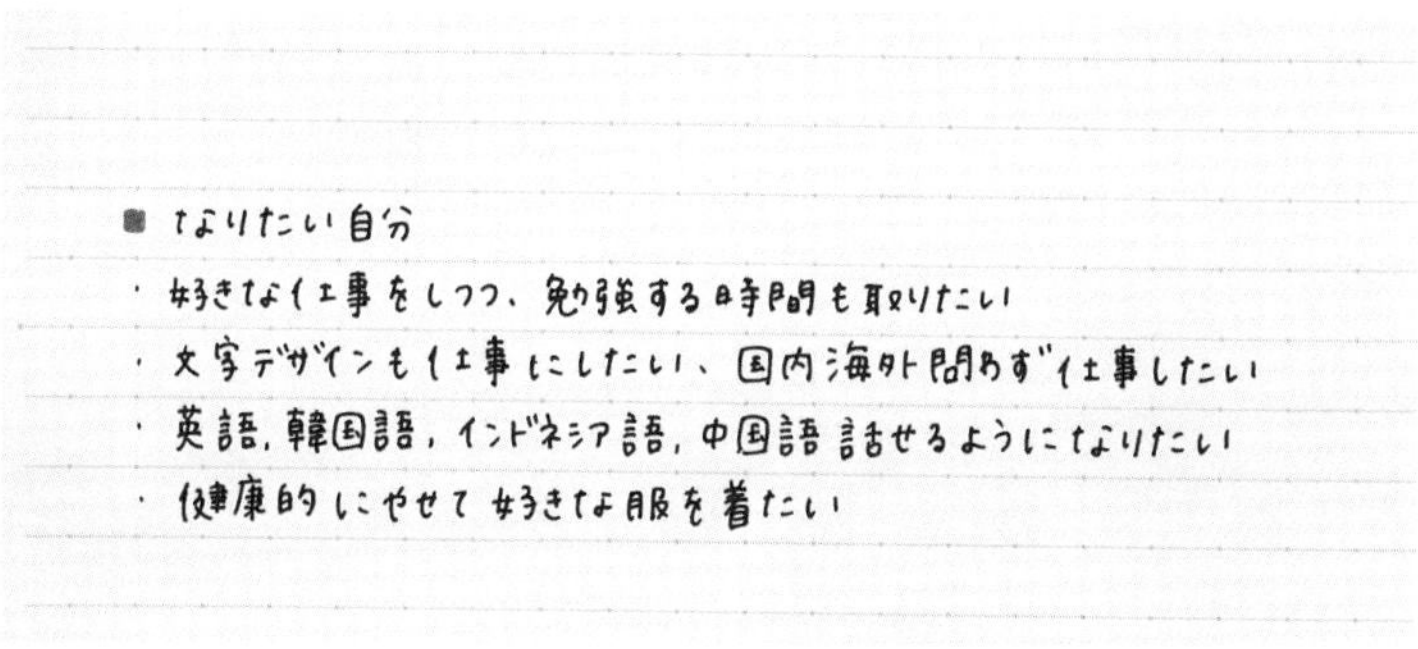

■ なりたい自分

・好きな仕事をしつつ、勉強する時間も取りたい

・文字デザインも仕事にしたい、国内海外問わず仕事したい

・英語, 韓国語, インドネシア語, 中国語 話せるようになりたい

・健康的にやせて 好きな服を着たい

仕事、趣味、見た目など、なりたい自分を想像して、ノートに書き込みます。

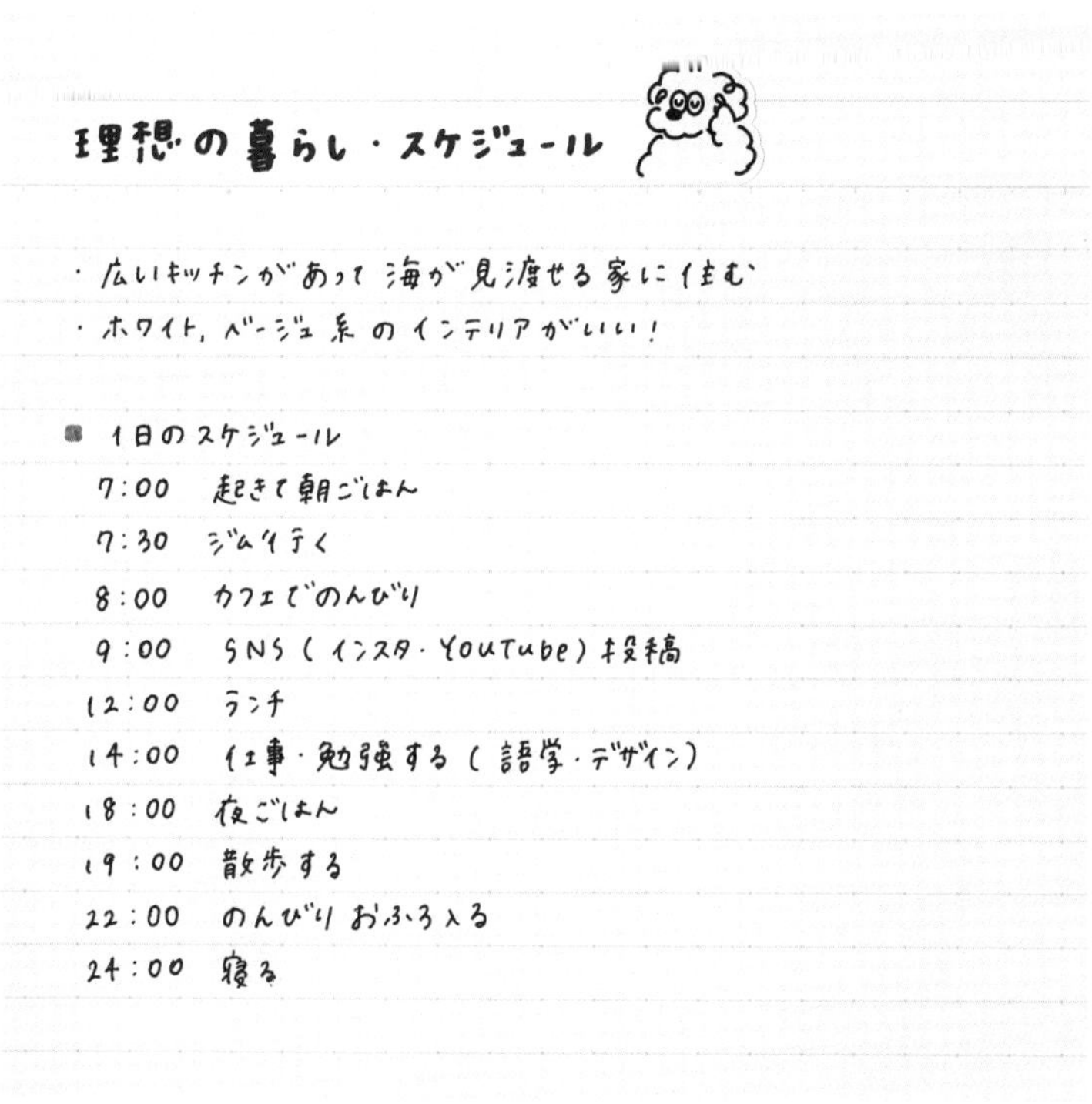

理想の暮らし・スケジュール

・広いキッチンがあって 海が見渡せる家に住む

・ホワイト, ベージュ系 の インテリアがいい!

■ 1日のスケジュール

7:00 起きて朝ごはん

7:30 ジム行く

8:00 カフェでのんびり

9:00 SNS (インスタ・YouTube) 投稿

12:00 ランチ

14:00 仕事・勉強する (語学・デザイン)

18:00 夜ごはん

19:00 散歩する

22:00 のんびり おふろ入る

24:00 寝る

どんな家に住みたいか、どんな１日にしたいか、理想の暮らしと、
１日のスケジュールを書き出したページ。

そうやって理想の暮らしを叶えてきたので、本気でおすすめしたい方法です。

生き方も働き方も、時間はかかるかもしれませんが、諦めなければ必ず変えられます。

今の暮らしでもっとこうしたい、と思うことを積極的に書き出して、どうしたら良くなるかも書き留めてみましょう。

また、その時々で自分の考える理想は少しずつ変わっていくので、一定期間経ったら、もう一度、一から書き出してみてください。書いたことを修正するより、新たに書き起こす方が「私にとっての理想はこれだ」と再認識できます。すると、叶えたいという思いが強くなり、揺るぎないモチベーションへと変化していきます。

ぜひ試してみてください。

8

モヤモヤすることはノートに書き出す

悩みがあってモヤモヤする時も、「自分と向き合うノート」の出番です。**ノートに書くことは、モヤモヤを解決する簡単で効果的な方法**なのです。

まずは、ノートに悩みを書き出していきます。その下に「なぜそう思うのか？」と自分に問いかけるつもりで書き、さらに矢印を引っ張った先に原因を書いていく、というやり方です。悩みの原因に対して何ができそう？　対策はある？　と問いかける形で書き、矢印の先に思いつく限りの対策を書き出します。実行可能なものなら実行に移し、何も思いつかなければ調べたり、同じような悩みを持つ人の体験談を参考にしていきます。

みなさんは、悩みを人に相談するうちに原因に気がついたり、対策のヒントが見つかったりした経験はありませんか？　実はノートを使えば、それがひとりでできるようになります。また、**新たな悩みが出てきた時も自問自答する習慣があれば、悩み解決までがよりスムーズになります。**

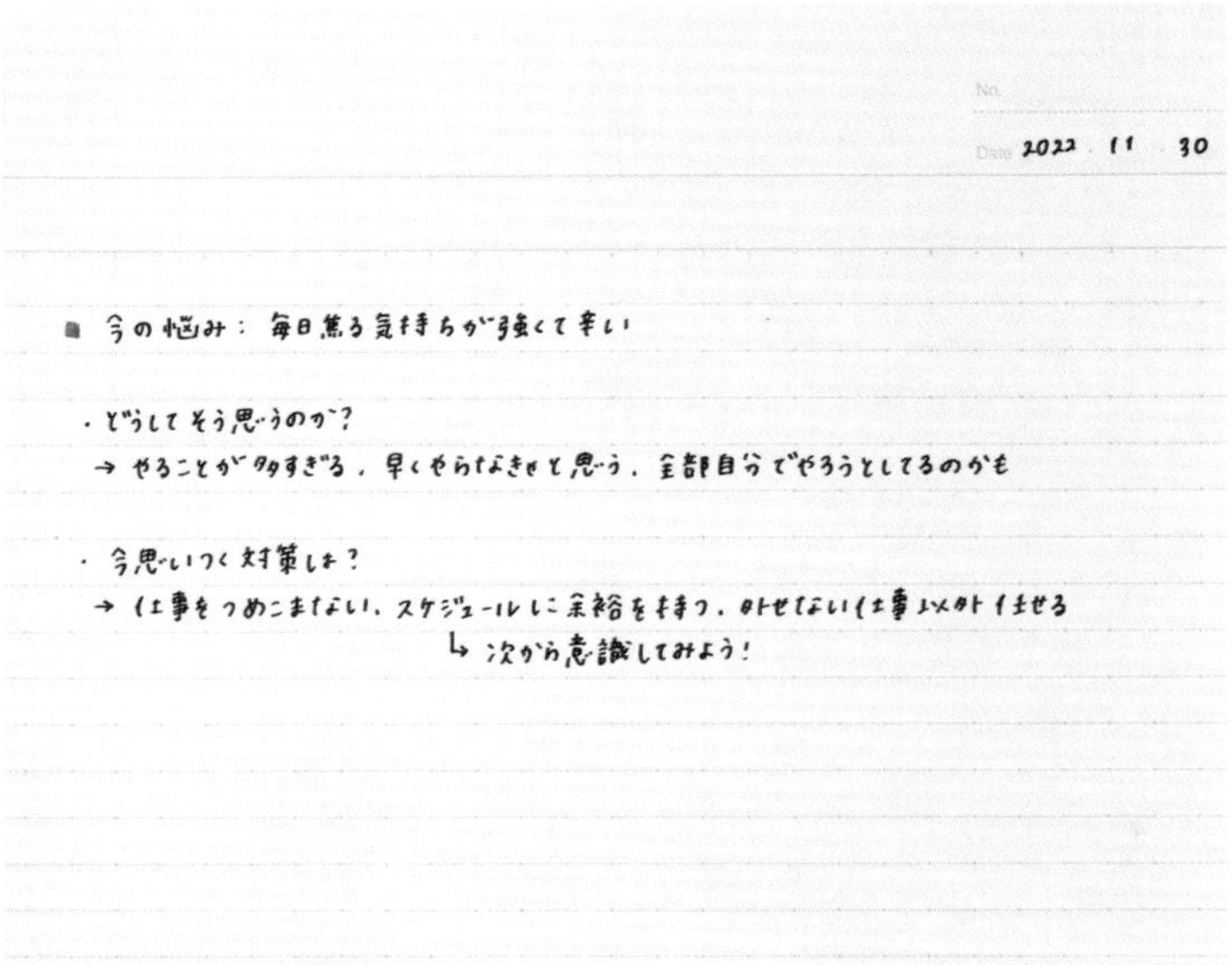
No.
Date 2022.11.30
■ 今の悩み：毎日焦る気持ちが強くて辛い
・どうしてそう思うのか？
→ やることが多すぎる、早くやらなきゃと思う、全部自分でやろうとしてるのかも
・今思いつく対策は？
→ 仕事をつめこまない、スケジュールに余裕を持つ、外せない仕事以外任せる
↳ 次から意識してみよう！

仕事で行き詰まって悩んだ時も、こうやってノートに書き出すことで解決の糸口が見つかります。

例えば、「なんとなく気分が落ち込む」という時は、「どうして気分が落ちているのか？」と書いてから、「仕事量が多くてストレスがたまっている」「睡眠が足りていない」「最近家にこもりきり」と思いつく限りの原因を探します。次に「現時点で試せる対策は？」と書き、もうひとりの自分と話している感覚で、さらに回答を書きます。これを繰り返していくと、悩みを解決するのが上手になっていくはずです。

9

スキルアップのためのノートの書き方

何か新しいスキルを身につけたい時、すぐに始められるノートを活用した方法をいくつかご紹介します。

1 YouTubeやオンライン講座で学んだことを書く

興味があることでも、実際に教室に通ったり、誰かに習ったりするのは、少しハードルが高い気がします。そんな時も、最近ではYouTubeで体系的な情報を無料で得られるし、リーズナブルなオンライン講座も増えてきました。ただ、動画は学びやすい学習方法のひとつですが、情報量が多く、観ただけではすぐに忘れてしまうので、学んだことはノートに書き留めておきます。この時、すべてをまとめるのではなく、知らなかったことや今後に活かしたい内容に絞ってまとめるなど、一講座ごとに要約して書くようにしています。そうすれば時間がかかり過ぎず、必要な内容だけがまとまったノートができ上がります。

書いておけば、動画を見返さなくても学んだことを把握でき、ノートを読み返してわか

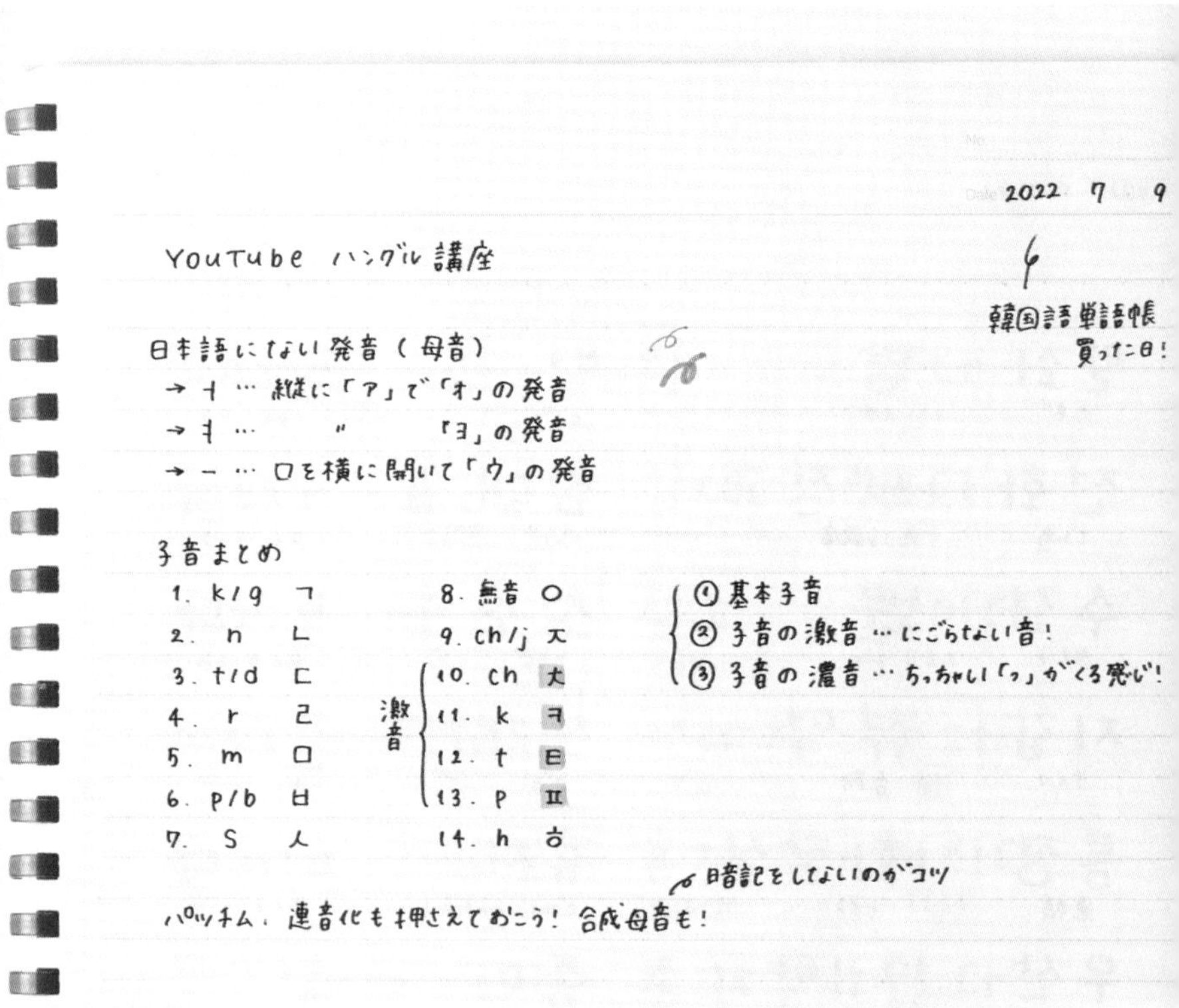

2022 7 9
YouTube ハングル講座
日本語にない発音（母音）
→ ㅓ … 縦に「ア」で「オ」の発音
→ ㅕ … 〃 「ヨ」の発音
→ ㅡ … 口を横に開いて「ウ」の発音
子音まとめ
1. k/g ㄱ
2. n ㄴ
3. t/d ㄷ
4. r ㄹ
5. m ㅁ
6. p/b ㅂ
7. S ㅅ
8. 無音 ㅇ
9. ch/j ㅈ
激音
10. ch ㅊ
11. k ㅋ
12. t ㅌ
13. p ㅍ
14. h ㅎ
① 基本子音
② 子音の激音 … にごらない音！
③ 子音の濃音 … ちっちゃい「っ」がくる感じ！
韓国語単語帳買った日！
暗記をしないのがコツ
パッチム、連音化も押さえておこう！ 合成母音も！

YouTubeでハングルの解説動画を見ながらまとめたページ。

らないことがあれば、その部分をピンポイントで確認すればいいのでとても便利です。

2 何度も必要になる情報を調べて書く

今後、何度も確認する必要がある情報や、頻繁に調べるような情報は、一度ゆっくり時間を取ってノートにまとめることをおすすめします。

私の場合、特定のジャンルについて記事を書いたり、SNSで発信したりする時にこの方法がかなり役に立ちました。

例えば、InstagramでiPadについて時々投稿しているのですが、コメントやDMで「iPadの選び方を教えてほしい」「〇〇の用途で使うならどのiPadがいいか」といった質問を多く受けるようになりました。ただ、当時の私はiPadにそこまで詳しくはなかったので、答えに詰まることがたびたびありました。そこで、「iPadについてきちんと調べて、正確な情報を伝えられるようになろう」と思い、iPadのスペックや選び方について調べ、ノートに書いてまとめておきました。

こうすると、同じようなことを何度も調べる必要がなくなるので時間が短縮され、質問された時にスムーズに答えられるようになります。そのうえ自分の知識も増えて、良いことずくめです。

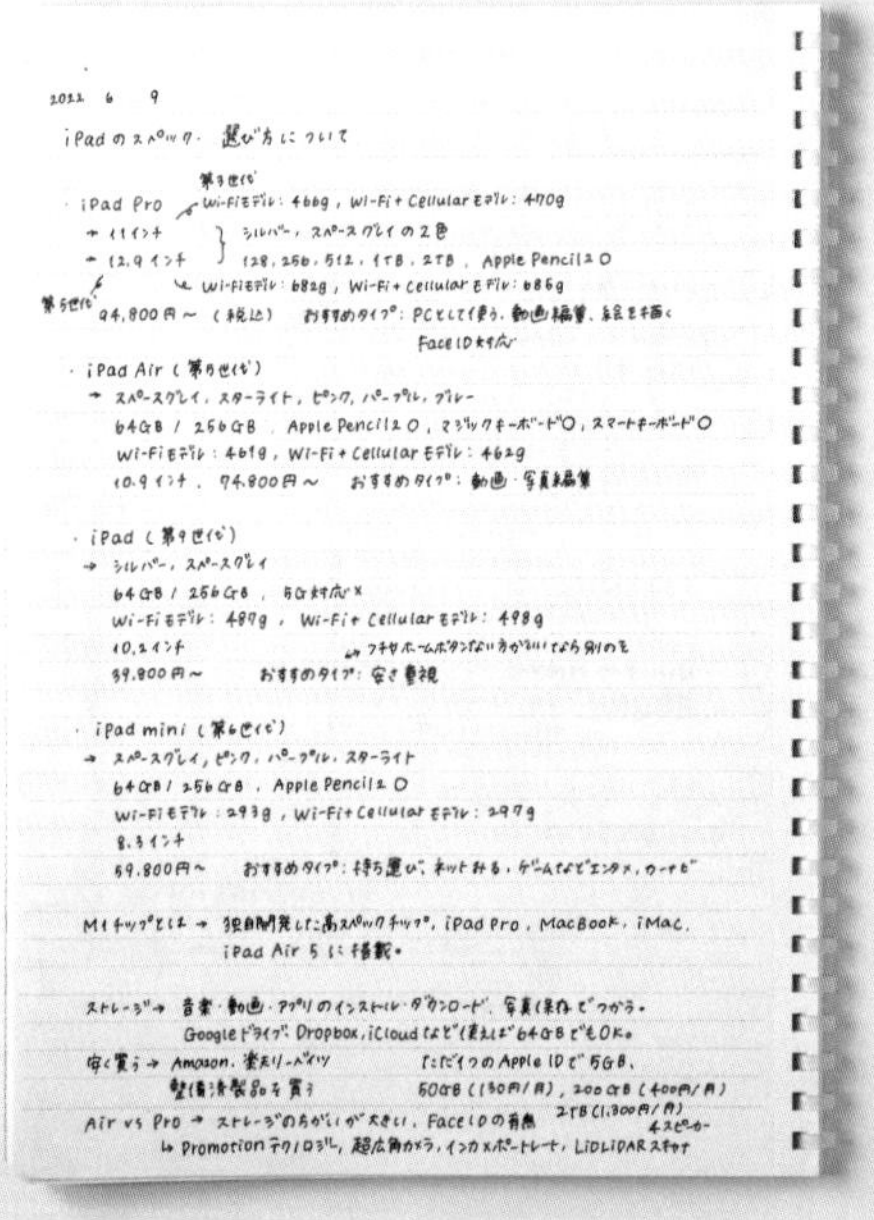

iPadの選び方についての情報をまとめたページ。

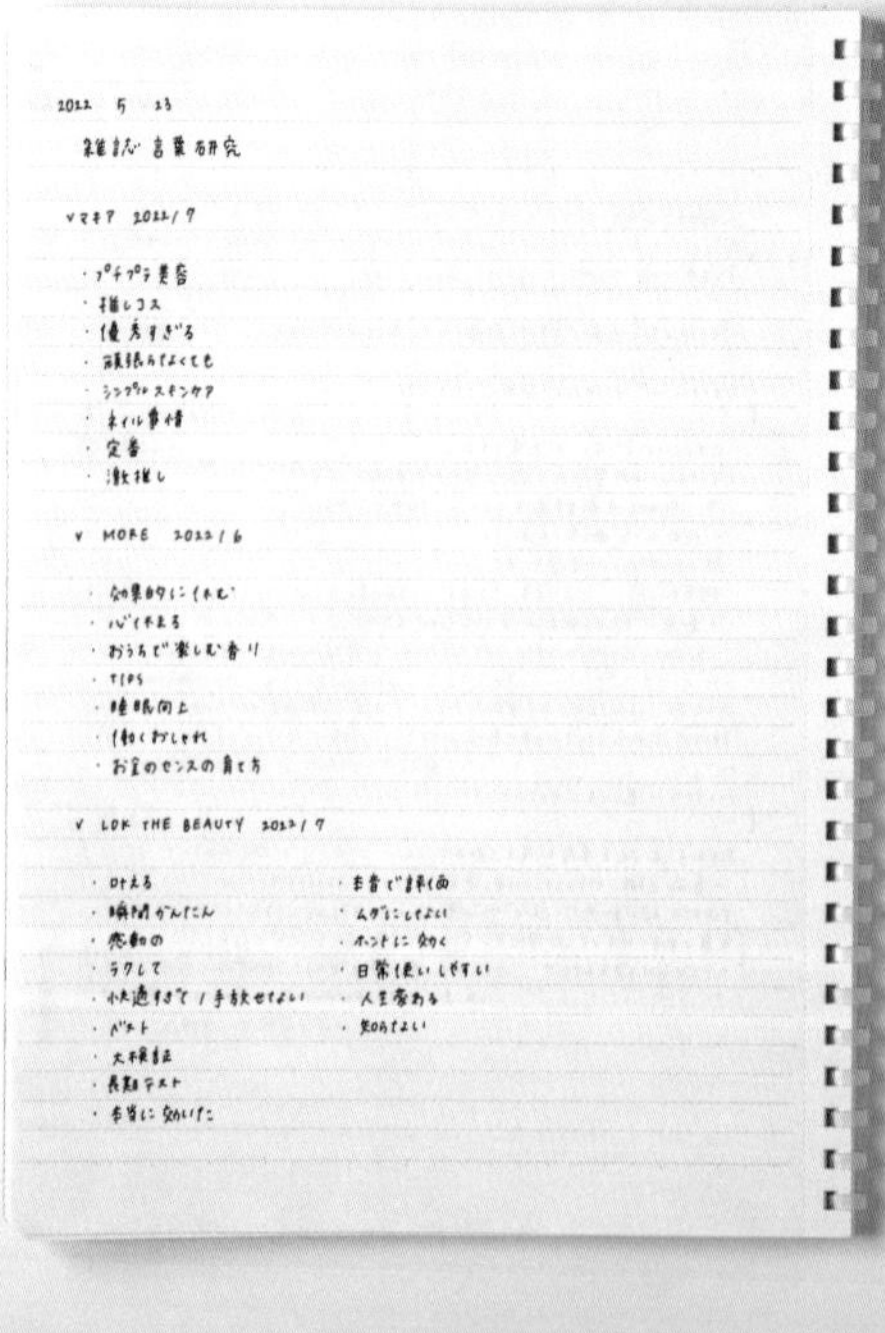

雑誌から言葉を抜き出したページ。

仕事だけでなく、趣味や勉強など、どんなシーンでも使える方法です。

3 興味のあることにアンテナを立てて書く

興味があることや今後に活かせそうな知識など、日常生活で気づいたことをメモしておくのも良い方法です。

例えば、私にとって「言葉」は大切なテーマです。ｎｏｔｅ（文章などのコンテンツを投稿できるプラットフォーム）で記事を書いたり、ＳＮＳで何かを伝えたり、本を書いたり。こうしたことを仕事として続けていくには言葉を磨くことが重要だと思い、ふだんから広告や書籍、会話などで言葉に敏感になるように心がけています。

そのために取り組んでいることのひとつが、「雑誌に目を通して気になった言葉をメモする」ことです。雑誌には印象的な言葉や語呂の良い言葉が多く並んでいて、新しい言葉を発見することもあります。自分がいつも使っている言葉のほかにどんな言い回しがあるのか、もっといい組み合わせの言葉はないかを考えながら見ていると、文章の執筆やＳＮＳ投稿で役立ちそうな表現がいろいろあって非常に勉強になります。これだけでも、知らず知らずのうちに知識が蓄積され、スキルアップにつながります。

10

自分専用のマニュアルを作って何度も見返す

「自分専用のマニュアル作り」は、物事を順序立てて行う時やミスを防ぎたい時にぴったりの方法です。

ビジネスシーンなら、プレゼンや企画の資料作りなどに活用できます。資料作りは、誰が行っても同じ、というものではありません。その人なりの工夫や効率化の方法があったり、以前ミスしてしまったのでここは気をつけないと、といった注意するべきポイントが出てきたりします。マニュアルを作っておくと、作業がスムーズに進むだけでなく、以前に間違えた箇所など注意点も盛り込んでおくことで、次回以降のミス防止にも役立ちます。

私はＹｏｕＴｕｂｅでｖｌｏｇを投稿しているのですが、音声のノイズ調節を忘れないようにするとか、カラー調整を毎回統一するための注意点や設定をすべてノートにまとめています。間違いや作業漏れを防げる安心感があるし、上から順にこなしていけばいいので作業にも取り組みやすくなりました。ｖｌｏｇを作る時は、いつもこのページを開いて作業しています。

仕事だけでなく、自分だけのマニュアルとして、体調やメンタルケアについて書く方法もあります。疲れた時や体調不良の時の対策は人によって異なるので、自分に合った体調管理方法をまとめておくと、同じ状況になった時に対処しやすくなります。

どんなことでも、喉元を過ぎると熱さを忘れてしまうものです。だからこそ、大事なことを忘れないように、同じミスをしないように、自分専用の完全オーダーメイドのマニュアルをノートに書いて、今後の生活に活かしていきましょう。

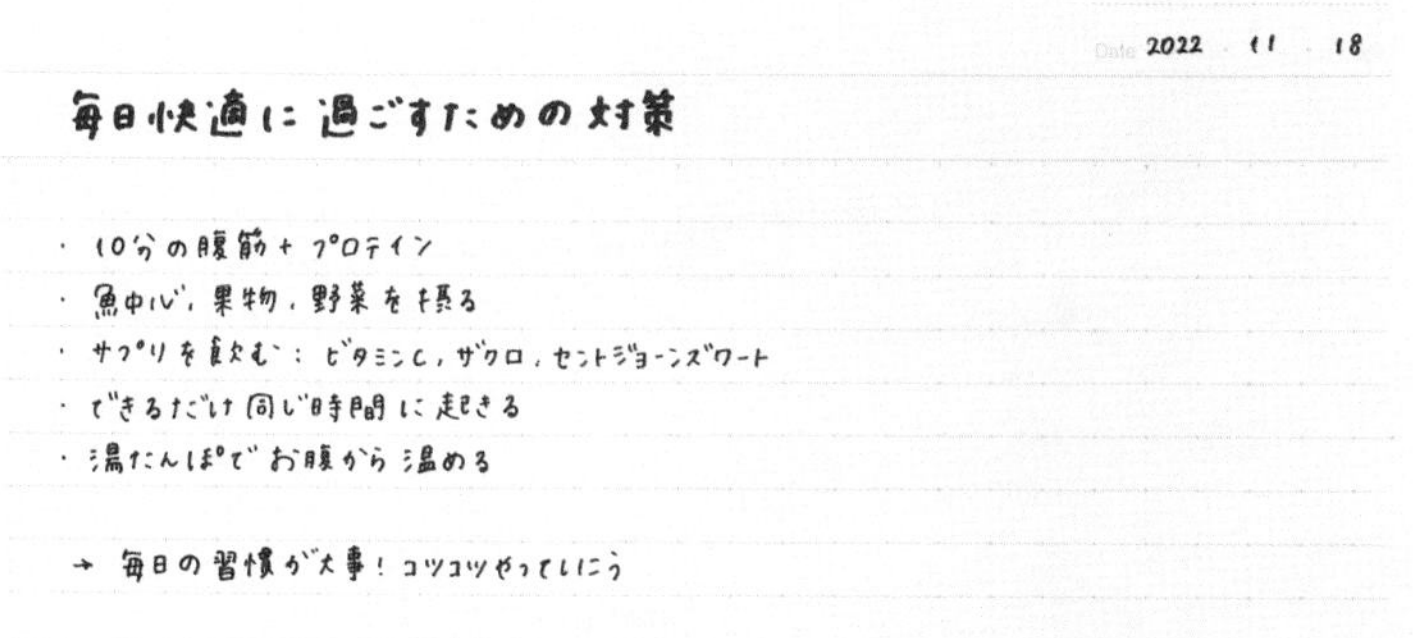
Date 2022 11 18

毎日快適に過ごすための対策

・10分の腹筋＋プロテイン
・魚中心，果物，野菜を摂る
・サプリを飲む：ビタミンC，ザクロ，セントジョーンズワート
・できるだけ同じ時間に起きる
・湯たんぽでお腹から温める

→ 毎日の習慣が大事！コツコツやっていこう

毎日を快適に過ごすための体調管理法について書いたページ。

11 仕事を通してどうなりたいかを考える

社会人になって、仕事のことでまったく悩まない、という人はごく少数だと思います。辛いことがあったり、本当にこの仕事を続けるべきか迷ったり、楽しいはずなのに疲れてしまったり。これは、私自身も実際に経験してきたことです。働くというのは本当に大変で、それにもかかわらず、これから先、長く付き合っていかなければいけません。私も何度も悩んできましたが、「どうしても向き合わなければいけないことなら、少しでも楽しくやりたい」と思い、ここでも「自分と向き合うノート」を活用しました。

【私が仕事と向き合うために書いたこと】

1 「やりたいことは何？」と自分に質問する形で書く
2 思いついたキーワードを書き出す
3 具体的な仕事の内容を想像して書く
4 どんな人になりたいかを「○○な人」と書く

5 身につけたいスキルを書く（例：語学、デザイン、SNSなど）
6 理想の働き方を書く（例：チーム or 個人で働きたい、自宅で働きたいなど）
7 どんな人の役に立ちたいかを書く

7の「どんな人の役に立ちたいか」について書くのもポイントです。人に喜んでもらうことで、自分もやりがいを持って楽しく頑張れるからです。人のためか自分のためか、どちらかひとつに偏ると、働くのが辛くなる傾向があるように思います。両方のバランスがいい時にもっとも充実感が得られるので、どんな人の役に立って喜んでもらいたいのか、どんな人のために頑張りたいのかを、ぜひ書き出してみてください。

1から7まで書いたらそれを組み合わせて、仕事を通して見た将来の自分を具体的にイメージして言語化します。例えば、「組織で働くのが合っているから会社に所属しつつ、働く環境は在宅中心にしたい」「デザイナーになり、韓国の企業と一緒に仕事をして、集客やブランディングの手伝いをしたい」という感じです。すると、前者の場合、「リモートワークに積極的な会社で働く」といった結論につながります。後者なら、「デザインの勉強をする」「韓国の企業とつながるように、SNSで作品を投稿する時は韓国語を使う」「デザインと集客・ブランディングの関係性について学ぶ」といった行動が見えてきます。

やりたいことを考え、キーワードから想像して理想を追求し、最後に組み合わせてひと言にまとめて、具体的な行動に落とし込む。この流れで、仕事を通してどうなりたいのか、そのために何をすれば良いのかがはっきりします。仕事との向き合い方に悩んだら、一度試してみてください。

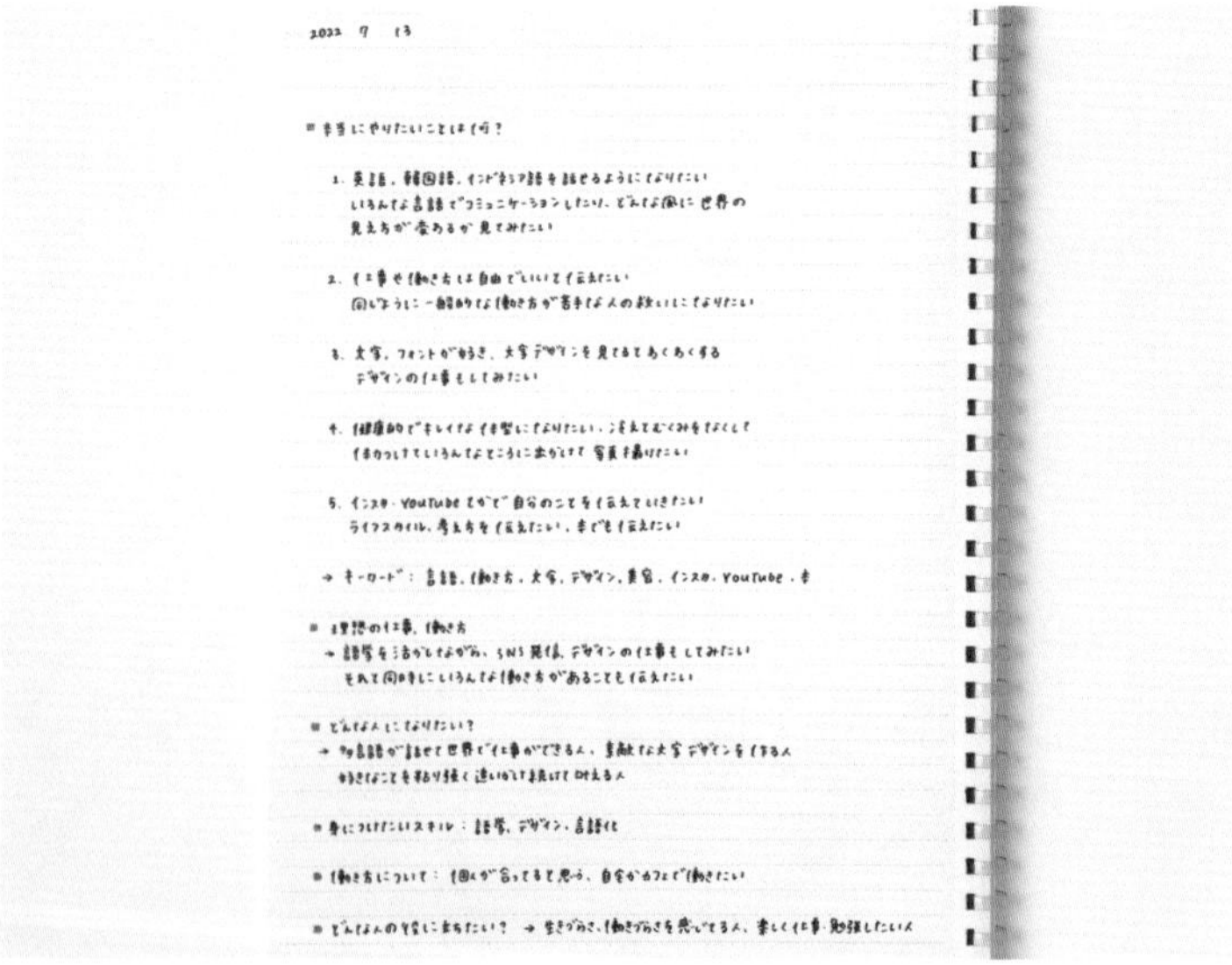

仕事に向き合った時に書いたページ。

12 「仮説」と「結果」を記録する

「仮説」と「結果」を記録するのは、「これから取り組むことを予測して、どうしたらうまくいくのかを考え、結果を確認して次に活かす」ためです。

やるべきことができた時、すぐに取りかかるのではなく、うまくいくための「仮説」を立ててから取り組むことで、「〇〇したら〇〇になる」という「結果」が得られます。ただ漠然と取り組むよりも気づけることが多く、「これはうまくいったから次も実践しよう」「こうした方が良かったかもしれない」など、良くも悪くも有意義な結果が得られます。

私は、SNS投稿でこの方法を活用しています。例えば、vlogを作る時、どうしたらもっと魅力的な納得のいく動画が作れるのかを考え、予測を立てて思い当たる改善点を書き出し、動画を投稿した結果どうだったかを確認しています。そこでうまくいかないことがあれば書き留めて、反省点や次に試したいことをメモして次回取り組む時の参考にします。

こうすることで、どうしてそうなったのか納得して前に進めるし、成長速度も上がり、実行する内容にも自信を持って取り組めるようになります。

また、再現性も高くなり、周りに困っている人がいればアドバイスもしやすくなります。

この方法のいいところは、どうしたらうまくいくのかを考える習慣ができること。そして、最初はできなかったことができるようになって、楽しく取り組めるようになることです。成功体験を少しずつ積み重ねると、「次はこうやればうまくいくかも」と、やり方次第で何でもできると考えられるようになり、何事にも前向きに取り組めるようになります。

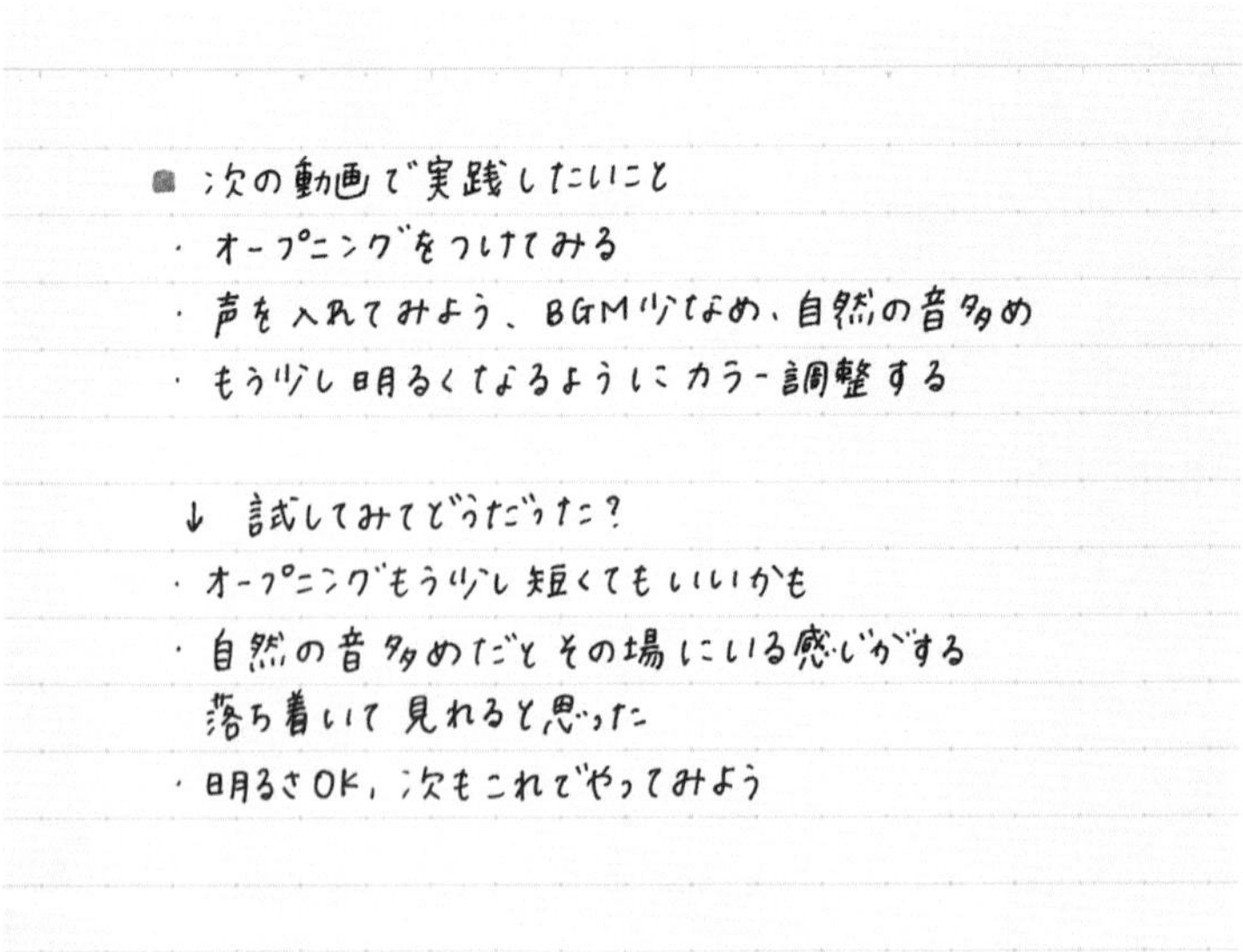

■ 次の動画で実践したいこと
・オープニングをつけてみる
・声を入れてみよう、BGM少なめ、自然の音多め
・もう少し明るくなるようにカラー調整する
↓ 試してみてどうだった?
・オープニングもう少し短くてもいいかも
・自然の音多めだとその場にいる感じがする
落ち着いて見れると思った
・明るさOK、次もこれでやってみよう

vlogを撮影する際に試したいことと、その結果を記録したページ。

13

良いところを言語化しよう

何に取り組むにしても、自分の考えだけでやっていくことは難しく、限界があります。自分なりに仮説を立ててやってみたけどうまくいかない、アイデアが出てこない、そんな時はどんどん人に頼りましょう。

人からアイデアを得るには直接話を聞く方法もありますが、必ずしも、会いたい人と直接会って話ができるとは限りません。そこで提案したい方法が2つあります。

ひとつが読書です。私も本には何度も助けられてきましたが、体系的な知識を得るためには読書が一番の近道です。今では大抵のジャンルの本が巷にあふれ、1000～3000円ほどでまとまった知識が得られるのは本当にありがたいです。

悩んだ時や行き詰まった時は本屋さんに行ったり、Amazonや楽天などのネット書店で「悩み」をそのまま検索します。例えば文章について悩んでいたら、「文章力」と検索すれば、今の自分の力になってくれそうな本が何冊も見つかります。

もうひとつは、人の作品の良いところを言語化し、知識としてストックすることです。

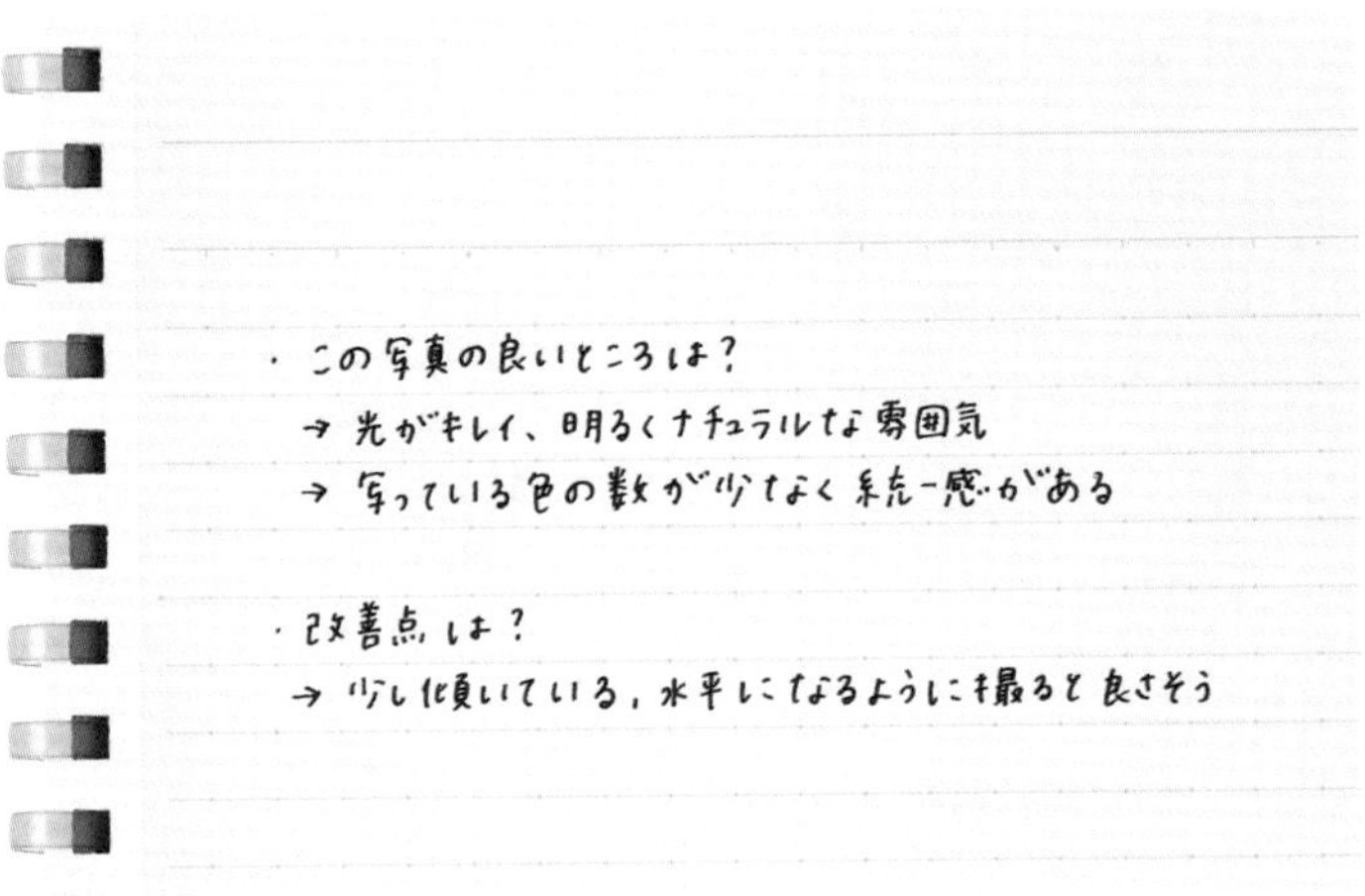

撮影した写真の良いところ、改善点を言語化したノート。

ここでノートが活躍します。

私は以前、写真が上手に撮れなくて悩んでいました。何も学んでいないのに「写真撮影は難しい、できない」と決めつけ、特に努力もしませんでした。しかし、素敵な作品を見て言語化することを習慣にし始めてからは、知識を身につけ、自分なりの改善点を考えるなどして、「こうすればきれいに撮れそう」というやり方がわかってきました。今では、雑貨のオンラインショップ用の商品写真も撮るようになり、ありがたいことに「写真が素敵だ」と褒めていただく機会も多くなりました。

具体的に私が行ったのは、いいと感じる写真を見て、何がいいのかをポイント別に書き出すことです。良いと感じるのには、例えば、「光の当たり方がきれい」「色の組み合わせが素敵」というように**必ず理由があります**。最初は「雰囲気がいい」など曖昧な感想でも構いません。次に「雰囲気が良いと感じるのはなぜだろう？」と考えるきっかけになるからです。「〇〇だからいい」と考えられるようになることで、自分の作品にも自信が生まれます。

いい点だけでなく、改善点を考えるのもおすすめです。誰に見せるわけでもなく、批判するわけでもないので、「ここはもっとこうした方が良くなるのでは」と思ったら、それも書いておきましょう。こうして**言語化すれば、その一つひとつが知識となり、自分なりのテクニックとして身につきます**。

また、写真撮影ならカメラの仕組みや画像の編集など、ツールそのものを理解することも重要です。知識やアイデアのストックが増えてきたら、それぞれの良いところを組み合わせたり、試行錯誤したりするうちに思いついた自分なりのアイデアも書き足しておきましょう。

14

読書を暮らしに活かす書き方

人から学ぶ方法として、読書がいいとお伝えしましたが、私は本を読んだ後に、そこから学んだことを行動に移すことがもっとも大切だと考えています。

読書で学んだことを実際の生活に活かすには、読書記録をつけることから始めます。読書記録は「自分と向き合うノート」に書いてもOKですが、たくさん本を読む人なら、それとは別に「読書記録ノート」を作ってもいいでしょう。

読書記録ノートには、本を読み終わったタイミングで、「タイトル」「著者名」「ページ数」「印象に残った文章」を書きます。

私は、本の中で自分に響く文章をひとつ見つけられたら、読んだ価値は十分にあると思っています。もし何も印象に残る文章がなければ、その本は今のタイミングで読む本ではなかったのかもしれないし、別の時に読んだら響くこともあります。

例えば『エッセンシャル思考 最少の時間で成果を最大にする』グレッグ・マキューン（著）

高橋 璃子（訳）（かんき出版）という有名な本がありますが、私がこの本を読んで記憶に残ったのは、「あれもこれもはできない」ということです。大事だと思ったことをメモして、自分なりに要約した結果がこのひと言になりました。そして、このひと言は私にとってすごく大切な考え方になっていて、大事な選択の場面で何度も助けられてきました。

同じ本でも、人によって感じ方はいろいろです。自由に捉え、自由にまとめて構いません。要は、「読書して得た情報を、自分の中で消化する」のが重要なのです。**印象に残った文章を書き出すと、自分にとって大切な言葉が集まったノートができ上がります**。これは困った時のヒント集でもあり、モチベーションにもなります。ふだん直接話を聞けないような人の体験や知識、貴重なアドバイス集ともいえるでしょう。

また、本にふせんを貼り、書き込みをしたりするのも、自分なりに消化した印のような気がして愛着が湧きます。読みながら、心に響いた文章にはマーカーを引いたり、思ったことをメモしたり、書き込んだページには、ふせんを貼ってすぐにわかるようにします。そして読み終わった時、ふせんがついたページをチェックしてまとめて書き出すと、後から記録しやすくなります。電子書籍なら、ハイライトをつけておけば後から簡単に見返せるので、それを見ながらノートに書き出していきます。

この本にも印象に残る文章があればぜひ、マーカーを引いてみてください。あなたにとって大切な言葉が、ひとつでも見つかったら嬉しいです。

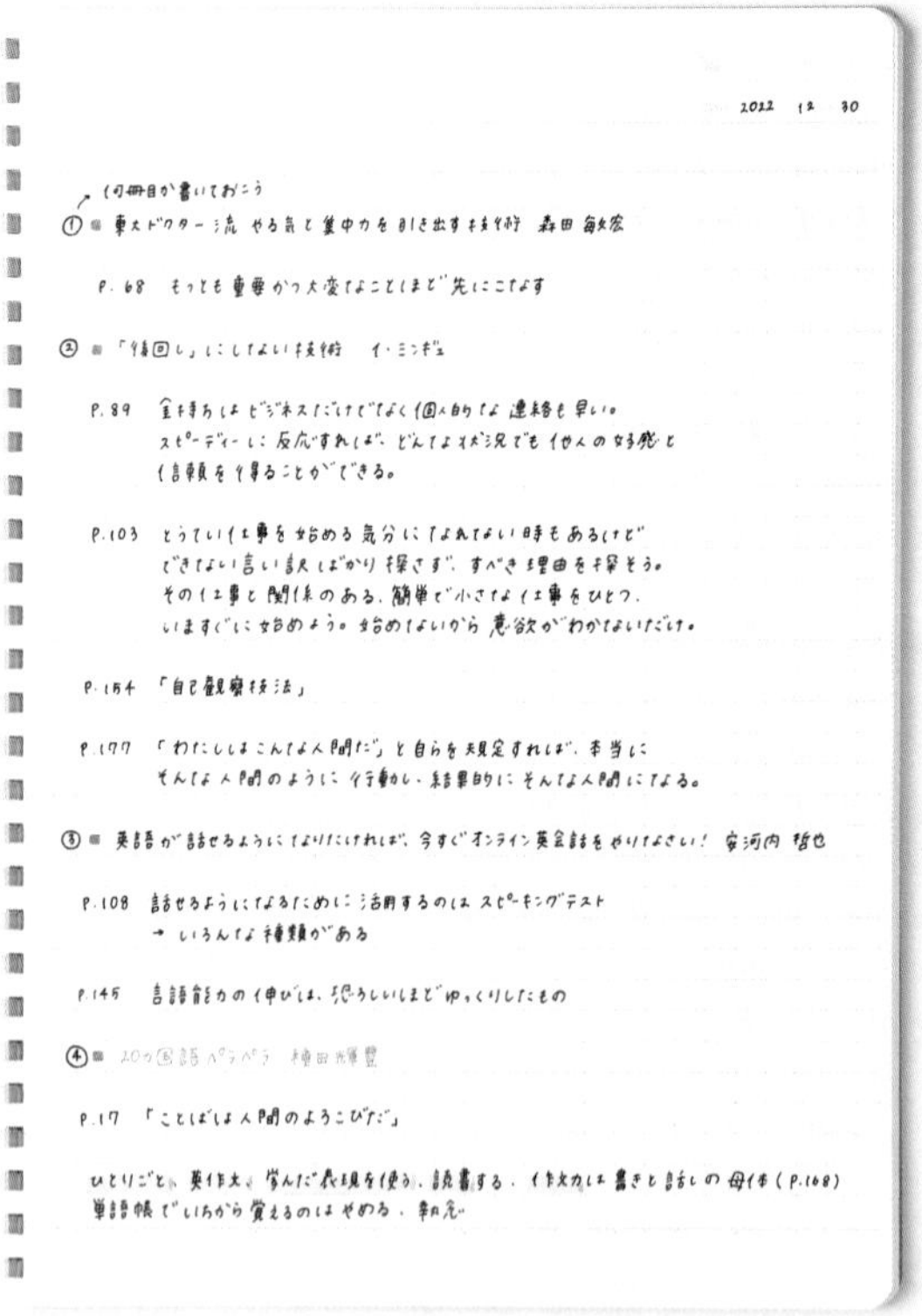

大事な言葉が詰まった読書記録のページ。

15 勉強用のノートを1冊作ろう

学生の方はもちろん、社会人の方にも試していただきたいのが、勉強用のノート作りです。勉強用のノートは、学びたいことを探す、計画を立てる、テキストをまとめる、問題集を解く、勉強記録を振り返る、といった使い方ができます。

勉強は、知識を得ることだけでなく、どうやってこの課題をクリアするかという粘り強さや計画性を身につけるなど、「目の前にあることに取り組む姿勢を作ること」も重要ではないかと私は考えています。ノートを活用して勉強の計画を立てたり、学んだことをまとめたり、学習記録を振り返ったりすることで、より勉強が楽しくなったり、達成感を感じやすくなったりして、さらに頑張れるという好循環も生まれます。

私は去年、ファイナンシャル・プランナー（ＦＰ）３級やハングル検定の試験を受けて合格できたのですが、仕事とはまた違う達成感が得られて、頑張って良かったと心の底から思いました。自分で計画を立てて達成できたことで、自信にもなりました。

新しいことを学びたい、そう思ったらぜひノートを用意して勉強の計画を立ててみましょう。ノートを活用することで、勉強と楽しく向き合えるお手伝いができたら嬉しいです。

韓国語の勉強用ノート。

16

学びたいことを探すために書く

すでに学びたいことが決まっている人は、この項目は飛ばして構いません。何かやってみたい気持ちはあるけれど思いつかない人、いろいろなことに興味があり過ぎて迷っている人は、ぜひこちらの項目を参考にしてください。

学びたいことを決めるには、興味があることから掘り下げるのが一番やりやすい方法です。また、デスクに向かってやること以外にも、料理や身体トレーニングなど、思いつくものを幅広く書き出してみましょう。例えば、趣味でやっていた料理を本格的に学ぶことで、本を出したり、料理教室を開いたり、思わぬ未来につながるかもしれません。勉強という言葉を広く捉えて、自由に探してみてください。

「今、すごくやりたいと思えることがない」という人も、ほんの少しでも興味が湧くものがあれば書いておきましょう。そこまで興味はなかったことも、やってみたら予想以上に面白くてハマったり、逆に興味を持っていたものの、実際に取り組んだら思っていたのと違ったりすることはあるものです。

私自身、趣味探しや新たな仕事など、ちょっとでも興味があればとりあえずやってみて、合わないと思えばやめて、次を試してきました。一度始めたらずっと続けないといけないわけではなく、気軽にほかにやりたいことを試したっていいんです。こうして続けているうちに、いつかきっとピンとくるものが見つかります。

そうやっていくつも書き出したリストを眺めながら、勉強したいことを選んでみましょう。選ぶ時も、「できそうだ」と思うことよりも、「これに一番興味がある」とか「やってみたい」と思うことから試してください。**今は難しくても、たいていのことは勉強次第でどうにかなります。**

私は、音楽を聴いたり本を読むのが好きなのですが、「作曲や小説を書くことは、もともとセンスがある人がするもの」と思っていました。作る人の感性が深く関わる分野ではあるのですが、ある一定の規則や理論が存在することも知りました。それからは、「私にもできるかもしれない」と思うようになり、いつか作曲や物語を書くのを楽しむことも、

学んでみたいこと
・中国語
・インドネシア語
・フランス語
・お菓子作り
・作曲
・カメラ
・漢検
学びたいことを書いた「勉強ノート」。

私の人生のやりたいことに加わりました。

前述した写真撮影の話もそうですが、もし、あなたが今、「自分にはセンスがないから無理だ」と思っていることがあったとしても、勉強ややり方次第でいくらでも変われます。

何でも書いていくことで、やってみようと思えることを、まずはひとつ見つけてみましょう。

17

勉強計画の立て方

学びたいことが見つかったら、まずはそれに関する情報集めから始めましょう。例えば資格試験なら、なんとなくテキストを買って始めるよりも、事前に情報を集めてどんな内容をどのように勉強していけばいいのか、どのようなステップを踏めばいいのかなど、**勉強の全体像を押さえてから始めた方が効率良く学べます**。

次に、ゴールを設定します。例えば、「韓国語能力試験（ＴＯＰＩＫ）で3級を取る」「可愛いデコレーションケーキが上手に作れるようになる」など、具体的なゴールだと達成度がわかって目指しやすいです。

ゴールを決めたら、次はそのための勉強法を考えて計画を立てましょう。ＷｅｂやＳＮＳで調べたり、本を探したりすると、すでに同じ分野で豊富な経験を持つ人の情報がたくさん見つかります。この時に大切なのは、一箇所で得た情報だけを頼りにしないこと

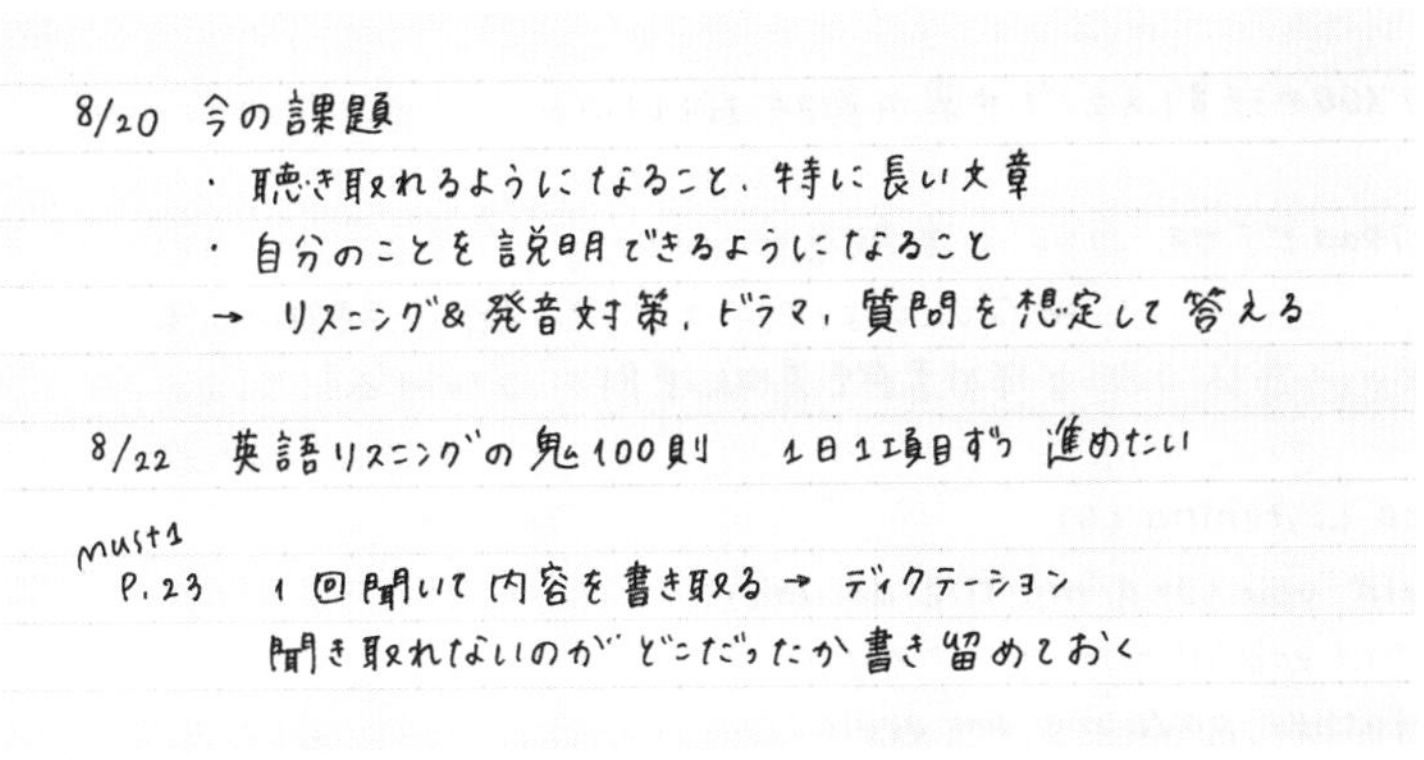
8/20 今の課題
・聴き取れるようになること、特に長い文章
・自分のことを説明できるようになること
→ リスニング&発音対策、ドラマ、質問を想定して答える
8/22 英語リスニングの鬼100則 1日1項目ずつ 進めたい
must1
P.23 1回聞いて内容を書き取る → ディクテーション
聞き取れないのがどこだったか書き留めておく
話せるようになるための英語勉強法について調べて書いた「勉強ノート」。

です。いろいろな情報源で得た情報を比べてみると、数ある勉強法の中でも「これだけはやった方が良い」という共通項が見つかります。

私の場合、前述のように英語が話せるようになりたくて、「話せるようになるための英語の勉強法」について徹底的に調べていた時期があります。複数の本やネットで情報を集めたら、共通項として「ひとり言で練習をする」「英語に囲まれた環境を作る」「実際に会話の練習をする」といった勉強法が見えてきたため、これらを勉強計画のメインに据えました。

こうして、全体像やゴールに合った勉強方法を先に把握しておけば、大きく方向性を間違う心配はありません。途中で目指すゴールと勉強法が合っているかを確認することも大事です。方向性の違いに気づいた時には、その都度修正しましょう。

勉強の全体像と取り組むべき勉強方法がわかってきたら、いつ、何をやるのか、簡単にスケジュールを決めます。手帳に書いてもいいし、ノートに書いてもOKです。

ページを開けば、目指すゴールのために何をすれば良いのか（＝勉強法）が書いてあるので、方向性に迷った時はいつでも見返すようにしましょう。

18

勉強が捗るノートの書き方

次に実際の勉強の始め方とノートの書き方を、資格や受験などの試験勉強を例に説明します。

まずは、**模擬試験や過去問を解いて、ゴールと自分がどのくらい離れているのか確認しましょう。**ほとんどできないかもしれませんが、それでも一通り目を通して取り組むことが大切です。そうすることで、問題の傾向や時間の感覚がつかめるからです。

その後、テキストを要約してまとめ、問題を解いてわからない箇所をチェックします。問題は、テキストの要約やまとめが全部終わった後に解くのではなく、チャプターごとなどに区切って解く方が知識が定着しやすくなります。

私の場合、勉強ノートには、テキストの要約も問題の解答もまとめて書いています。以前は、テキストまとめ用・問題演習用と分けた時もありましたが、ひとつの分野にいくつもノートがあると管理が大変になるので、今は基本的にはひとつの分野につき1冊のノートにまとめています。

また、試験直前にはノートを見直して、何度も間違えている内容や苦手な項目をピックアップし、別にルーズリーフなどにまとめるようにしています。以前受けたハングル検定では、問題集で間違えたところやポイントを1枚の紙にまとめて直前まで確認していたところ、そこから多くの問題が出て「まとめておいて良かった！」と実感しました。

ノートのまとめ方や問題の解き方に絶対というルールはないのですが、基本的にこれだけやっておけば見やすく、勉強も捗る、というポイントをご紹介します。

まず、日付、テキスト名、ページ数を書

間違えたところをまとめたルーズリーフ。

きます。次に、見出しとなるものがあれば書いておきます。見出しは内容とのメリハリがつくように、少し太めのカラーペンなどを使うといいでしょう。私はいつも「クリッカート」の黒やグレーを使って書いています。

文字は基本的に黒で書き、後から大事だと思ったポイントだけマーカーを引きます。色が多いと見づらいのと、単純にペンを変える時間を短縮したくて、この方法に落ち着きました。カラーは、その日の気分で決めるのが楽しいので、日によって違います。

英単語や重要単語など確実に覚えたいも

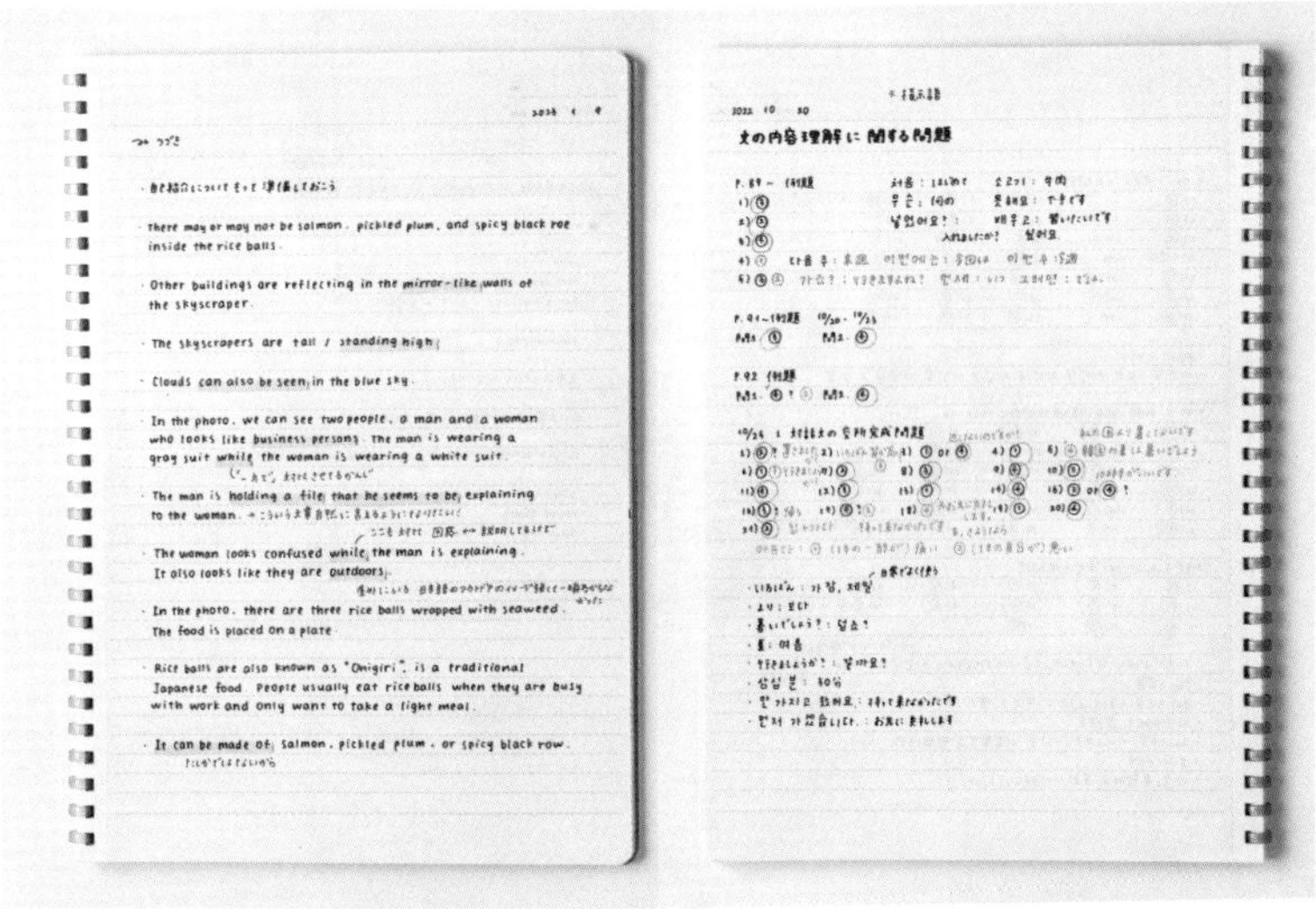

文字は黒のボールペン、大事なポイントはマーカーを使用。

日付やページ、見出しを記入して問題を解いたページ。

のは、太めのカラーペンで大きく書きながら、同時に声に出す（小さく呟いてもＯＫ）と覚えやすいです。

また、問題を解く時は、答えがまったくわからないものには「×」、不安だけどこれかな？と思って書いた答えの横には「？」を書きます。そうすれば、同じ「わからない」でも、まったく知識がなかったのか、勉強したけれど忘れてしまったのか、勘違いして覚えていたのかなど、理解度の違いがわかります。

「自信はないけど、たぶんこれだろう」と思って書いた答えの近くには、自分なりの根拠を簡単に書いておくのもいいでしょう。解説を見た時に根拠と照らし合わせること

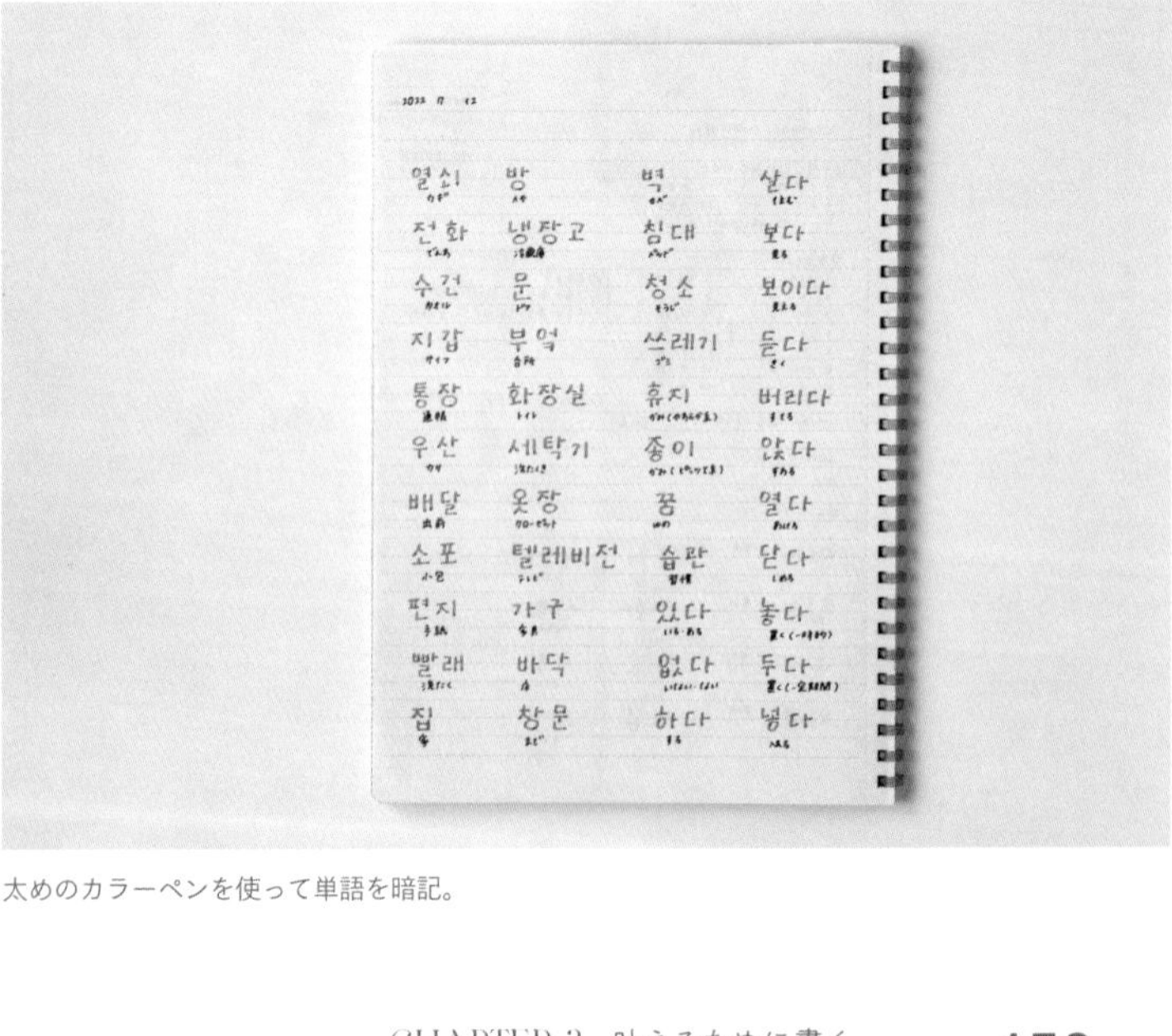

太めのカラーペンを使って単語を暗記。

で、どうして間違えたのかがわかり、次回の間違いを防ぎやすくなります。

勉強に飽きたら、**空いたところに可愛いシールを貼る**ことで気分転換になります。私もよく気分転換にデスクの引き出しを開けては、可愛いシールを貼って、眺めては、やる気を取り戻すモチベーションにしています。シールやふせんを使ったモチベーションが上がるノート作りについてはCHAPTER 4（P200）でも紹介しているので、参考にしてください。

勉強ノートもちょっとした工夫で見やすくなったり、効率良く楽しく勉強できるようになるので、ぜひ試してみてください。

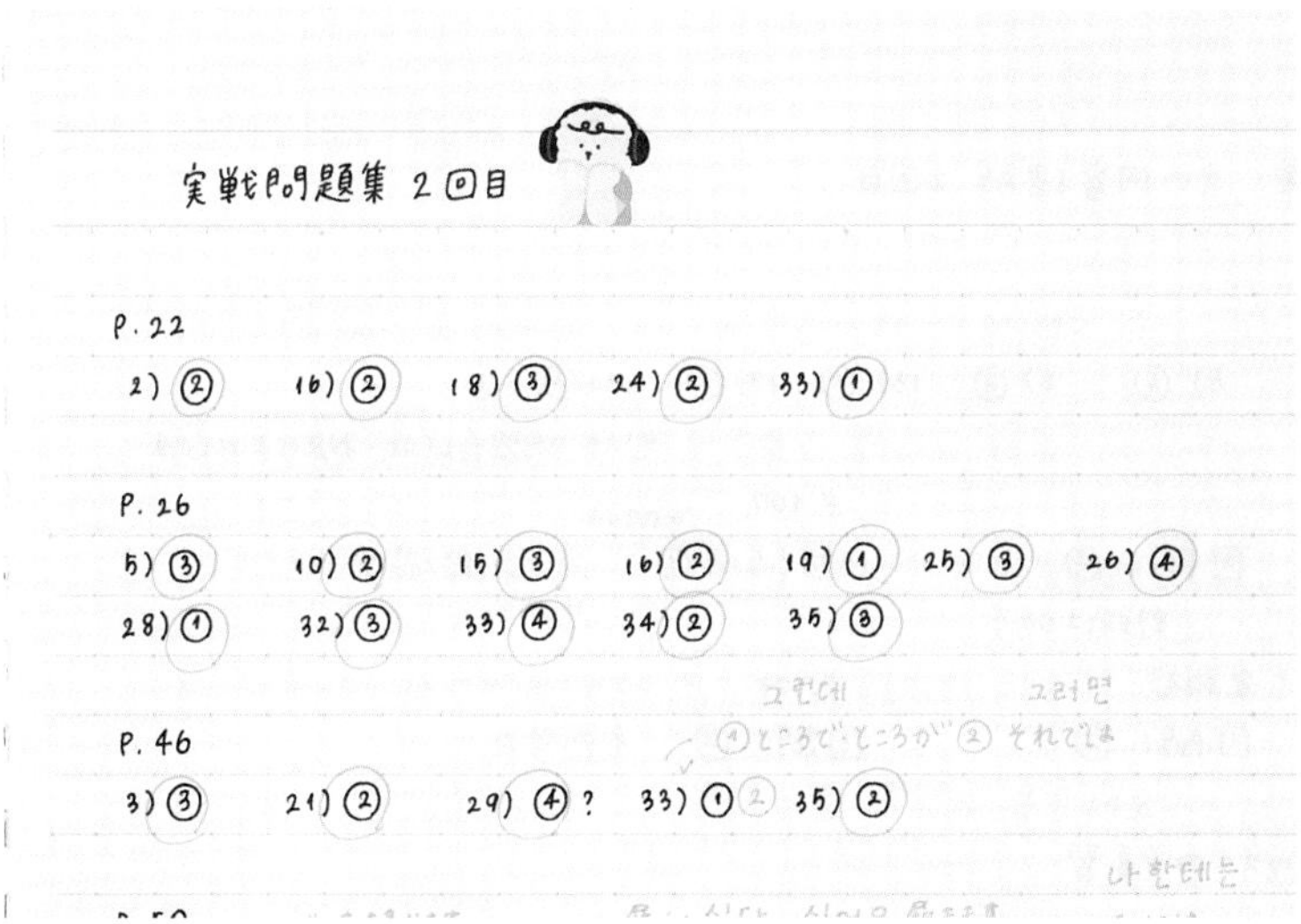

問題の答えをまとめたページ。

19 勉強記録をつける

勉強した記録は、勉強法の振り返りやモチベーションの維持に非常に役立ちます。記録方法は、ノート、手帳、スタディプランナーなど好きなものを選んでください。私は最近、手帳を1冊用意して勉強記録用に使っていますが、以前は気軽に書きたくてノートにひと言記録をつけていました。

勉強記録の内容には、以下のようなものがあります。

- **今日勉強したこと**
- **苦手だと感じたこと**
- **うまくできたと感じたこと**
- **もっとこうすればいいかもと感じたこと**

時間が経つと、毎日何を勉強したのか忘れてしまうものですが、ひと言でも記録しておけば、日々の成長を実感できます。また、どこでつまずいているのかや、苦手なポイント、得意なポイントも見えてきて、勉強方法の改善にもつながります。また、ノートと同様、頑張って勉強できた日や模擬試験の点数が良かったら、好きなシールを貼ってやる気を高めます。時には、自分を励ます言葉を書くのもいいでしょう。

勉強は正しい方向性で続けていれば、必ず成長が見えてくるものです。その時に、「当時はこんな感じだったなぁ」と記録を振り返ると、進んできた道のりが見えて感慨深いものがあります。そしてこの記録は、さらにその先の勉強の道のりの支えになってくれるはずです。そのためにも、まずはひと言から、勉強記録を始めてみましょう。

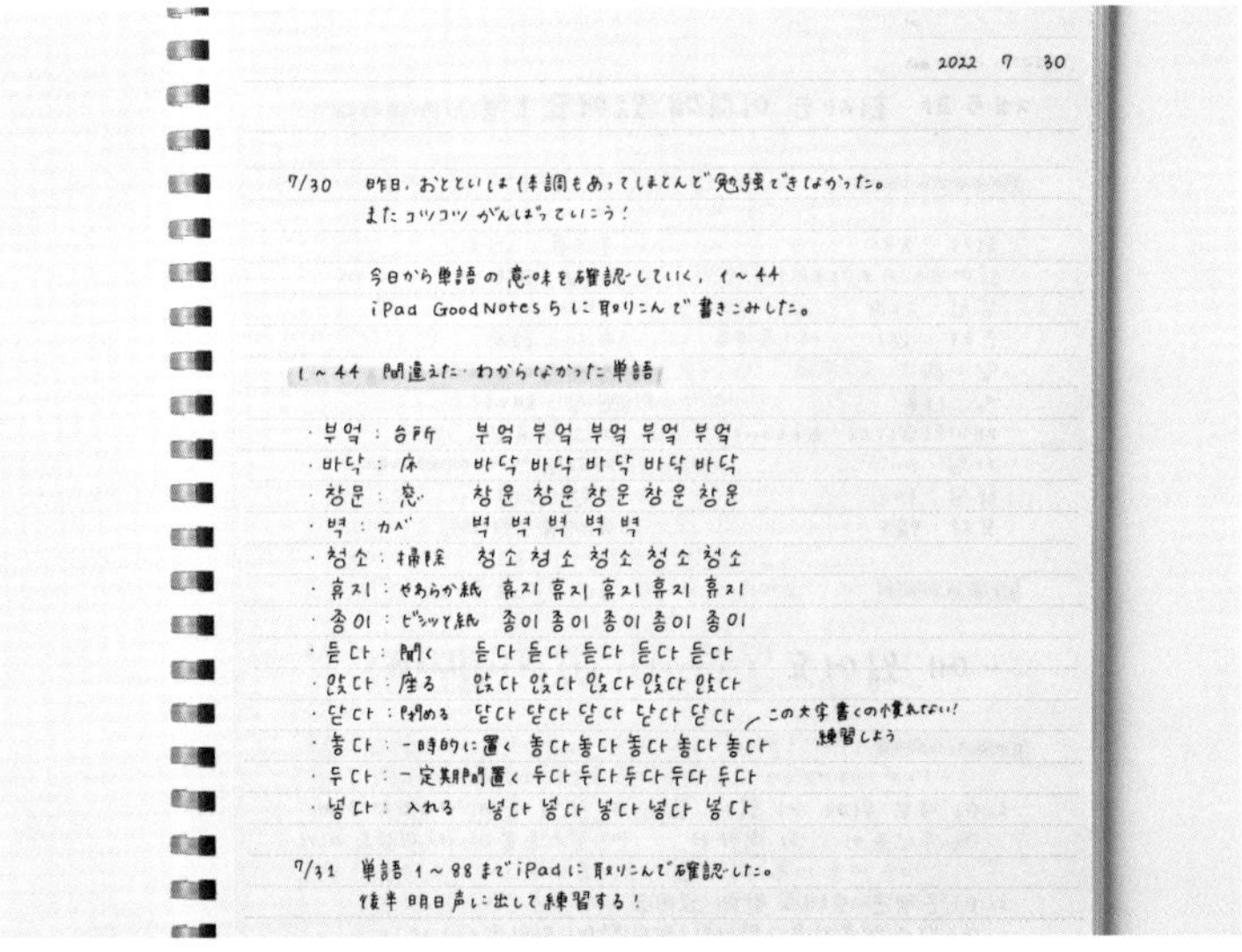

ひと言記録を書いた勉強記録用ノート。

CHAPTER 3

伝えるために書く

1
何のために伝えるのかを考える

これまでは自分のために書く作業が中心でしたが、本章からは「誰かに伝えるために書く」時の方法やコツを紹介していきます。

昨今ではメール以外にもやりとりしやすいコミュニケーションツールやアプリがたくさん出ていて、SNSの活用も盛んです。そんな中で、どんなふうに書けばやりとりがスムーズになるのか、SNSで楽しく発信して相手にも喜んでもらえるのかを、私自身、いろいろと試行錯誤してきました。

一対一のやりとりでは、**自分の気持ちや情報を相手に伝えること**がメインとなります。ビジネスシーンであれば、スムーズなやりとりで仕事が早く終わったり、気持ち良く作業を進められたりするでしょう。最近では、仕事相手と直接会うことなく、すべてオンラインで完結するようなことも多いと思うので、より一層「書く」ことの重要性が増しているように感じます。

一方で、ＳＮＳなど不特定多数に発信する場合は、**自分のことを知らない人に何を伝えたいのか、何のために書くのか**を考えています。そのためには、**自分なりの軸やコンセプトを持って伝えることが大切**になってきます。

たくさんの情報がすぐ手に入るＳＮＳは本当に便利ですが、それにとらわれ過ぎると情報の波にのまれて疲れてしまいます。だからこそ、何のために使うのかが重要です。私個人の意見ですが、ＳＮＳを利用するなら、お互いにポジティブな気持ちになれたり、救いになる情報が見つかったり、良い方向に物事が動いていくきっかけが見つかればいいな、といつも思っています。

また、リアルとデジタルの世界は別ものではありません。リアルとデジタルは必ずつながっているもので、ネット上で書く言葉にも十分な注意が必要です。「デジタルで書いたことはリアルの自分とは関係ない」と思って、通常は口にしないようなこともつい書いてしまいたくなるかもしれません。ここが相手の顔が見えないコミュニケーションの危険なところで、日記や自分用のノートと違って、自分だけが見るものではないことを念頭に置いて、「伝えるために書く」ことを一緒に楽しんでいきましょう。

2

デジタルで書くための準備

メールやブログなど、ある程度まとまった文章を書く時にはパソコンで作成することが多いため、デジタルで書く際にストレスなく楽しく書き進めるためのちょっとしたポイントについてお伝えします。

まずおすすめしたいのは、使いやすいキーボードを用意することです。**お気に入りのツールがあれば、見ているだけでモチベーションが上がり、作業の効率もグンと良くなります。**すでに愛用しているキーボードがあればそれで構いませんが、持っていない人はこの機会にぜひお気に入りのキーボードを探してみてください。

私はiMacを愛用していて、キーボードもAppleの「Magic Keyboard」を使っています。すっきりした見た目が好みで、英語（US）キーボードを選択しました。薄くてシンプルなデザインと、タイピングする時のタッチ感が気に入っています。

メカニカルキーボードと呼ばれる、各キーが独立していて深く押し込めるキーボードも持っていて、気分次第でこちらを使うこともあります。ほかにも、家電量販店やオンラインショップには、キーが光るバックライト機能付きのタイプなど、いろいろな種類・デザイン・使い心地のキーボードがそろっています。

お気に入りのキーボードを見つけたら、次に取り組んでいただきたいのは「タイピング練習」です。私はブログを始めた時、たくさん記事を書けると思ったからです。当然のことですが、書く速度が速い方がたくさん記事を書けると思ったからです。タイピングが速くなれば生産性が上がり、ストレスを感じることがなくなると考え、毎日30分程度をタイピング練習に充てていました。すでにタイピングに自信のある方も、改めて練習してみると、意外と苦手なキーがあるなと発見があったりするので、デジタルで書くための準備としてぜひ試してみてください。

タイピング練習が気軽にできるサイトはたくさんあります。中でも「e-typing(https://www.e-typing.ne.jp/)」と、「寿司打(https://sushida.net/)」はおすすめです。e-typingは、さまざまなジャンルの文章を打つ練習ができ、どの文字をどの指で打てばいいのかという正しいポジションも学べます。タッチタイピングを練習したい人にも

愛用のMagic KeyboardとiPad。あなたのお気に入りは何ですか？

ぴったりです。寿司打は、ゲーム感覚でタイピング練習ができて、友達とスコアを競い合いながら楽しくスキルアップできます。

毎日少しずつでも練習を続けていると、だんだんとタイピング速度が上がっていきます。メールを書くのも文章を書くのもスピードが上がり、さらに書くことが楽しくなっていきます。

3 伝え方ひとつで人間関係が変わる

ここからは、メールやコミュニケーションツールを使った「一対一のやりとり」をする時の書き方についてご紹介します。

具体的な書き方は次項に譲るとして、はじめに、私がメールで伝える時に、意識していることをお話ししたいと思います。というのも、必要なテキスト情報のやりとりだけでは人間味が薄れてしまいがちですが、**伝え方や書き方を少し工夫することで、相手との関係性が変わってくる**からです。

例えば、私はショップを運営していて、仕入れ先の作家さんとよくメールのやりとりをします。その際、質問に対していつも丁寧に答えてくれたり気遣いの言葉をくれる方には、顔を合わせたことはなくても良い印象を持ちます。「また一緒にお仕事したいな」と感じたり、気持ち良くやりとりができてありがたいと思うようになりました。

【人間関係がうまくいくメールでの心がけ】

1 感謝をできるだけ具体的に伝える

テキストでのやりとりで難しいと思うのは、感情やテンションが伝わりづらいことです。電話やオンライン会議なら、相手の声や表情からある程度は把握できますが、テキストだけではいまひとつわかりません。そこで、気持ちがきちんと伝わるように、嬉しい気持ち、喜びの感情、感謝などはできるだけ具体的に伝えるようにしています。

例えば、相手にお礼の言葉を伝える時、「この度はありがとうございました」だけでは少しそっけない感じがしませんか？　ショップの仕入れ先の作家さんへは、商品が届いたらお礼のメールを送るのですが、その時「今回もとても素敵な商品をありがとうございました。特に○○が可愛くて、自分でも愛用しています。また次回もお取引できるのを楽しみにしています！　いつもありがとうございます」といったように、感じたことをできるだけ具体的に書くようにしています。

メールでのやりとりは、感謝の気持ちを精一杯言葉にしてやっと伝わるものだと思います。ただし、誇張し過ぎると逆に嘘っぽくなってしまうので、あくまで**自分の気持ちに沿って、その嬉しさや感謝の気持ちを具体的な言葉にすることが大事**だと思っています。

感謝をしっかりと伝えられれば相手もまた喜んでくれるので、お互いに良い気持ちでやりとりを終えることができます。ポジティブな気持ちこそ、丁寧に言葉にして伝えるようにしています。

2 クッション言葉を積極的に使う

「お手数をおかけしますが」「恐縮ですが」「恐れ入りますが」といった、クッションとなる言葉を積極的に使って、文章をやわらかい印象にしたり、思いやりの気持ちを伝えるようにしています。

特に、**何かを指摘したり、断りを入れたりするなど少し言いにくいことも、クッション言葉を使えば丁寧に伝えられます。**「○○は××ではありません」と指摘すると強い感じがしてしまいますが、「私もほかの方に教えていただいて気がついたのですが、○○は××のようです」のようにやわらかい表現で伝えると相手も受け入れやすいのではないでしょうか。断る時も「大変申し訳ないのですが」「心苦しいのですが」といった言葉を頭につけることで、断ることが残念だという気持ちが伝わるはずです。

クッション言葉もいろいろあるので、私も必要な場面で検索しながら言葉をストックしています。

3 誤字脱字を確認する

基本的なことですが、誤字脱字の確認は相手に対するひとつの礼儀だと考えています。誤字脱字がたくさんあると、「最後に確認したのかな？」と思われるかもしれません。本当に大切な相手に送る文章なら、なおさらしっかり確認しましょう。もちろん見落としてしまうこともあるかもしれませんが、**最後まできちんと確認する姿勢が大切**だと思っています。私は、宛先、件名、内容の文章まで、一通り目を通すことを習慣にしています。

毎日大量のメールをやりとりしていると、ついつい機械的に用件だけを送ってしまいがちです。ご紹介したことは、それぞれ小さなことかもしれませんが、少しだけ気にかけて、お互いに気持ち良くコミュニケーションできたり、相手を思いやる気持ちが伝わったりすればいいなと思っています。

4　メールで書く時のコツ

仕事でも、またプライベートでも、メールはもはやなくてはならないツールです。ここで改めて、私が心がけている基本的な書き方やちょっとしたコツをお伝えします。

また、日々たくさんのタスクがある中で、内容をすぐに理解してもらえないメールは後回しにされ、なかなか返信がもらえないといったことも。加えて、相手に必要以上に考えさせる時間を増やしてしまうことになるので、とにかく伝わりやすい、一読で理解される書き方もご紹介します。

【伝わるメールのコツ】

1　一読してわかるように書く

伝わりやすいメールを書くためには、まずはわかりやすい文章であることが何よりも大切です。どれも基本的なことかもしれませんが、私は次のようなことを心がけています。

□ **最初に連絡した目的を書く**

簡単な挨拶の直後に、**連絡した目的を書く**ようにしています。長々と文章が続いた後に、「結局このメールの目的は何だろう?」と思われてしまっては、スムーズなやりとりができないからです。

「お世話になっております。亀山です。先日決定したミーティングの日程を変更させていただきたくご連絡を差し上げました」のように要件を最初に伝えておけば、その後の文章の内容もすっと頭に入ってきます。

□ **指示語を使わない**

日本語の文章では、「これ」「それ」といった指示語を使いがちですが、メールではできるだけ避けた方が無難です。こちらは何を指しているのかがわかっていても、相手は文章を読むうちに混乱してしまう可能性があるからです。また、いちいち「『それ』は前の文章のここを指すんだな」と確認の作業が必要になるので、具体的な言葉で示して誤解が生じないように気をつけています。

□ **冗長な文章になっていないか確認する**

文章が長過ぎると、読んでいる方も疲れてしまいます。**長いと感じた文章は2つに分け**

たり、もっとシンプルな言い方で伝えられないかを考えるようにします。また、同じような内容を何度も書いていたり、同じ単語を繰り返し使っていることもよくあります。最後に誤字脱字の確認をする際に、もっとシンプルに伝わりやすく文章が整えられないか考えるようにしています。

2 見やすく書く

メールを開いた時に「読むのが大変そう」と敬遠されないよう、内容はもちろんですが、視覚的なわかりやすさ、読みやすさも非常に大切です。

□ 並列する内容は箇条書きにする

質問がいくつもあるような時や、伝えたい情報が複数ある時は、一つひとつを文章にして長々とつなげず、並列になる内容は箇条書きで簡潔に伝えると、視覚的にも見やすくなります。

□ 空白行を使って見やすくする

内容が変わるところを目安に、適度に空白行を入れるだけで、文章がぎゅっと詰まって見えないので、格段に読みやすくなります。伝えたい内容が2つ、3つとある時には、空白行を使って別の内容であることを伝えることもできます。

□ **確実に伝えたい内容は罫線で区切る**

大事な情報や確実に間違いなく伝えたい内容、相手に教えてほしい内容があれば、罫線（ーやニ）で挟んだり、下線を引いたり、文字を太くするなどして目立たせると、相手がそれをもとに返信しやすくなります。

3 相手の言葉を受け止めて書く

会話はキャッチボールとよく言いますが、メールでも相手の言葉を受け止めて、返信することを意識しています。

□ **相手の文章量とテンションに合わせる**

メールでやりとりしていると、簡潔に短く書く人、テンションが高めのフレンドリーな人など、いろいろな人がいることを感じます。そこで私はできるだけ、**相手の文章量やテンションに合わせて書く**ようにしています。

例えば、簡潔に短く書く人は、「文章を長々と書いたり読んだりするのがあまり好きではないのかも」と予想して、こちらもなるべく簡潔にわかりやすく書くようにします。反対にフレンドリーな感じが伝わってくる人には、こちらも「！」を使うなど、テンションが同じくらいになるように意識して書いています。

実際、そこまで考える必要はないのかもしれませんが、リアルな会話と同様、相手の違和感を減らしてコミュニケーションをスムーズにするためにも、相手に近づけるように書いています。

□相手の質問を見落とさない

質問や内容が多岐にわたると、返信に漏れが生じることがよくあります。相手の質問を見落としてしまうと、再度質問してもらうなど二度手間になってしまうので、なるべく1回のやりとりで解決するように、送信前には必ず、相手のメールと照らし合わせて漏れがないかを確認するようにしています。

この機会に、自分の送っているメッセージが、スムーズなコミュニケーションの手段として機能しているか、改めて見直してみるのはどうでしょうか。

5

SNSで伝える時の心構え

前項までは一対一のメールについて解説してきましたが、ここからは、不特定多数が対象のSNSで伝えるために書く方法についてご紹介します。

SNSとひと言で言っても、画像や動画がメインのもの、テキストがメインのものなどいくつか種類があり、発信する内容やジャンルもさまざまです。だからこそ、自分に合ったSNSを使いこなして、自分のため、誰かのために楽しく書く方法をお伝えできればと思います。

SNSで書く時の心構えは、大きく分けて2つあります。

ひとつは、人を傷つけないための心構えです。リアルな世界で、見知らぬ人に突然ひどい言葉を投げかけたりしないのと同じで、SNSでも人を傷つける言葉を書くのはタブーです。それと同時に、**自分の書く言葉をあらゆる人が見る可能性があることを、常に想像しています。**

もうひとつは、疲れないための心構えです。「ＳＮＳ疲れ」という言葉があるように、多くの情報に踊らされたり、時には自分と誰かを比べて疲れてしまったりすることがあります。

情報の洪水に溺れないようにするには、必要以上に見過ぎない、ＳＮＳ以外にも趣味を持つなどの方法で対処は可能です。

ですが、ついついＳＮＳの幸せそうな誰かと自分を比べてしまう時は、**投稿の内容を相手のすべてだと思わない**ようにしています。

ＳＮＳに限らず、私は誰かと関わった時には、「自分が見ているのは球体の一部」だと思っています。誰にでも自分の知らない事情があるはずで、相手のすべてが見えているわけではないので、相手の一部と自分を比べることにあまり意味はないと思っています。

私も同様に、自分のすべてをＳＮＳで見せているわけではありません。どうしようもなく落ち込んだ時には、ＳＮＳの発信をお休みして心静かに過ごします。

後から思い出しても辛くなるので、ネガティブなことも書かないようにしています。そうやってＳＮＳとは適度に距離を保ちながら、上手に活用していけるといいなと思っています。

また、ＳＮＳで発信する時には、「賛否両論ある話題は避ける」というのもおすすめの方法です。話題のニュースやデリケートなテーマは、多くの人がさまざまな意見を持つものです。そこに切り込むような意見を書くと、賛否両論巻き起こり、収拾がつかなくなる場合があります。炎上にもつながりかねないので、疲れないことを優先するなら、**賛否両論あるニュースなどの話題に言及することはできれば避ける**ようにします。

傷つけないため、そして疲れないための心構えを忘れずに、ＳＮＳで書くことを楽しんでくださいね。

6　SNSで自分だけのコンセプトを作る

SNSで書いて発信しようと思ったら、まずは自分だけのコンセプト（基本的な方向性）を考えるところからスタートしてみましょう。

私が実際に書いていたノートをお見せしながら、コンセプトの作り方と固め方をご紹介します。

まずはどんなジャンルについて伝えたいのか、ざっくりと書き出します。例えば、私が今運営しているInstagramのアカウントは「暮らし」や「勉強」のジャンルですが、最初はきちんと固まっていませんでした。

●最初に書き出したジャンル

□フリーランス、働き方

□お金、投資、節約

□SNS運用
□ダイエット、美容
□暮らし、購入品紹介、勉強

次に、自分の軸となるテーマ・コンセプトを考えるため、いくつかのジャンルを組み合わせながら、思いつく限り箇条書きにしていきます。

テーマやコンセプトは、自分のアカウントのキャッチコピーを考えるイメージです。「自分のアカウントの内容をひと言で言い表すなら?」と考えながら、書き出したジャンルを参考に、思いついたことをなんでも書いてみてください。私の場合は11個書き出した

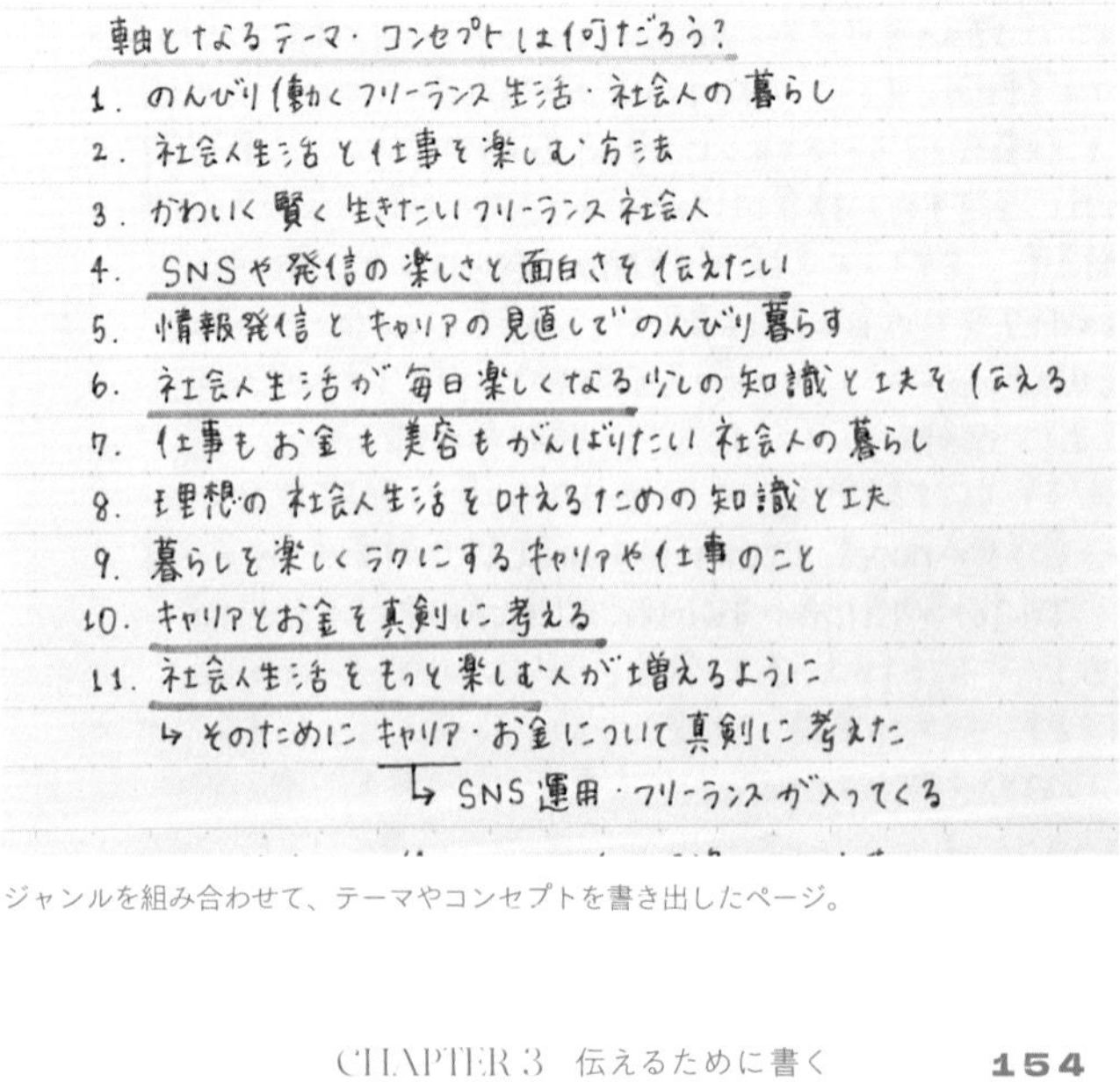
軸となるテーマ・コンセプトは何だろう?
1. のんびり働くフリーランス生活・社会人の暮らし
2. 社会人生活と仕事を楽しむ方法
3. かわいく賢く生きたいフリーランス社会人
4. SNSや発信の楽しさと面白さを伝えたい
5. 情報発信とキャリアの見直しでのんびり暮らす
6. 社会人生活が毎日楽しくなる少しの知識と工夫を伝える
7. 仕事もお金も美容もがんばりたい社会人の暮らし
8. 理想の社会人生活を叶えるための知識と工夫
9. 暮らしを楽しくラクにするキャリアや仕事のこと
10. キャリアとお金を真剣に考える
11. 社会人生活をもっと楽しむ人が増えるように
↳ そのためにキャリア・お金について真剣に考えた
↳ SNS運用・フリーランスが入ってくる

ジャンルを組み合わせて、テーマやコンセプトを書き出したページ。

後、より印象に残ったものに下線を引きました（右ページ写真参照）。
この時は4つに線を引いていて、まだしっかり定まっていませんでしたが、「社会人生活がもっと楽しくなるように」というコンセプトは今も残っていて、これに「勉強」が組み合わさって今のアカウントの軸ができ上がりました。

私のアカウントのテーマは大まかに言えば「暮らし」ですが、暮らしをメインジャンルとするなら、サブジャンルには「働き方」「勉強」「韓国」「iPad」などがあります。その人の知識や経験にもとづいて組み合わせはさまざまです。例えば、貯金や節約と勉強を組み合わせるなど、書き出したキーワードを自由に組み合わせて考えてみてください。

コンセプトさえしっかりしていれば、サブジャンルとしていろいろな分野について投稿しても違和感がありません。例えば、「大学生の生活」がメインテーマなら、「勉強」「恋愛」「ガジェット」など、一見バラバラに見えるサブジャンルを扱っても、「大学生の生活」という大枠の中での統一感が見えてきます。

ただ、コンセプトを考えるのには、かなり時間がかかります。私も長い間考えるうちに、固まっていきました。ここで焦らずに、興味のあるジャンルや伝えたい分野のキーワードをできるだけ多く書き出す→キーワードにもとづいたコンセプトをひと言で10個以上書き出す→印象に残る文章やキーワードに下線を引く→もっとも伝えたいことや大切にしたいキーワードが見えてくる→このキーワードをもとにさらにキャッチコピーを考える、という流れでやってみてください。

期間を空けながら、納得のいくまで繰り返すと、自分だけのコンセプトがきっと見つかります。

7

自分に合ったＳＮＳの選び方

伝える内容はもちろんですが、どのＳＮＳを使って伝えるのかを考えるのも重要です。自分に合ったもの、自分のコンセプトやテーマに合ったものを選んで、楽しく発信していきましょう。ここでは、代表的なＳＮＳを挙げながら、それぞれどんな人に向いているのかを紹介するので、どのＳＮＳを使おうか迷っていたら参考にしてみてください。

選ぶ時の一番のポイントとして、**自分がふだんもっともよく使っているＳＮＳから選ぶのがおすすめ**です。というのも、使い勝手がわかっているので、発信する時のストレスが少ないからです。

もうひとつのポイントは、文章の読み書きが好きならＴｗｉｔｔｅｒ、画像を見たり写真を撮ったりするのが好きならＩｎｓｔａｇｒａｍ、動画を楽しみたいならＹｏｕＴｕｂｅかＴｉｋＴｏｋというように、**自分の好みや伝えたいジャンルで決める方法です。**

中でも、Ｔｗｉｔｔｅｒは文章がメインなので、ブログやｎｏｔｅとも相性バツグン。今、すでにブログやnoteを書いていて、それらも見てもらいたいという人なら、Twitterがいいでしょう。ただし、リツイート機能がある分、良くも悪くも情報が拡散されやすいのがTwitterの特徴でもあります。そのため、使う言葉や伝える内容にはより一層の注意が必要です。

写真やデザインなど、視覚的に伝えたい内容がメインなら、Instagramがおすすめです。最近はリールという動画機能もよく使われるようになりました。Instagramでは、アカウントのプロフィール画面で複数の投稿の表紙が並ぶため、統一感や世界観が大事になってきます。内容とデザインの両方で自分なりの統一感や世界観を表現できるようになると、フォロワー数も伸びやすい傾向にあります。

YouTubeとTikTokは動画メインですが、気軽に動画を作って投稿したいなら、TikTokの方がおすすめです。長尺の動画を投稿したいとか、自分のことを深く知ってもらいたいという人ならYouTubeの方が合っています。私も、Instagramで自分のことを知ってくれた人に私の日常や情報をもっと伝えたいと思い、YouTubeでも動画を投稿しています。

こうした特徴がわかったうえで、まずは慣れ親しんだSNSを使ってみる、もしくは、文章、画像、動画でもっとも興味がある発信方法を選ぶところから始めてみましょう。やっていくうちに、合っていない、楽しくないと感じたら、ほかのSNSも試してください。

私も、最初はTwitterだけを使っていましたが、ここ数年でInstagramやYouTubeで画像や動画を作って投稿するのが楽しくなり、今はこの2つがメインとなっています。

SNSはじっくり取り組んで伸ばしていくものです。だから、続けられるものを選んで、続けられる範囲で頑張ることがもっとも重要です。

自分に合ったSNSで発信することを楽しんでいるうちに、フォロワー数は後からついてきます。最初からフォロワー数を増やしたい!と思うのではなく、まず自分が楽しめることを優先して継続してみてください。

8　SNSで発信したいことを書いてみる

ここからは、6で考えたコンセプトをもとに、プロフィール・投稿内の文章・キャプションなど、SNSでの文章の書き方についてInstagramを例にお伝えします。ブログでは長い文章も書けますが、**SNSでは基本的に短い文章が中心で、簡潔かつわかりやすさが求められます。**情報がどんどん流れていく中できちんと伝えたいことが伝わるか、少しでも時間を取って読んでもらえるかどうかを意識することが大切だと思っています。

【SNS（Instagram）での文章の書き方】

1　プロフィールの書き方

プロフィール文章は一度で完成するものではないので、一旦書いても何回も見直す前提で読み進めてください。**書いた後、何度も何度も練り直して少しずつ修正**して、アカウントのコンセプトに合っていて、かつ必要な情報が含まれている内容にしていきます。私もInstagramのプロフィール文章は、はじめの1年くらいは何度も修正して、最近になってようやく今の文章に落ち着きました。

最初にプロフィール文章を書く時は、コンセプトで考えたキーワードを入れるようにします。例えば私なら、「社会人の暮らしを楽しくしたい」が最初のコンセプトだったので、「社会人」「暮らし」といったキーワードを入れた方が良いことがわかります。

ここに後から「英語や韓国語の勉強の投稿もしたい」「iPadの投稿も入れよう」ということで、「語学を勉強中」「iPad活用法」などの文言も追加して整えていきました。

書き方のフォーマットなどは特にありませんが、私の場合、Instagramでは以下のようにして書いています。

- 1行目：コンセプト or どんな人かわかる内容
- 2〜3行目：別のアカウントの紹介や仕事に関する内容
- (1行空ける：読みやすくするため)
- 4〜5行目：コンセプト or サブテーマについてキーワードを含めて書く
- 6行目：リンク先について説明する内容

現在の実際のプロフィールがこちらです。

語学とデザイン勉強中のフリーランス社会人
英語と韓国語の勉強記録 @studymilk_33
韓国雑貨と文房具のショップ @but_butter_

・韓国好きの暮らしと勉強—デスク周り
・iPad活用法—ガジェット—文字が好きです

←vlogと書籍も見てね
（リンク先URL）

1行目が最初に目に入ってくるので、そこで「このアカウントはどんなアカウントか」というのがわかるように書いてみてください。

2
投稿画像内の文章の書き方

Instagramの投稿画像に文章を入れる場合、あまり長いと読むのに疲れてしまいます。また、見やすさも重要で、何行も続いていると見た瞬間に「読むのが大変そう」と感じてしまうので、2～3行でひとまとまりにすると見やすいでしょう。適度な改行が効果的です。

投稿の文章は、**必要な情報を、わかりやすく書くこと**が重要だと思っています。商品紹介の投稿なのに商品の情報や良さが全然わからなかったり、書いてある内容が難しそうだと感じたら、せっかく見てくれた人がいても次の投稿へ移ってしまいます。そのため、「ひと目見て必要なことがわかる」という状態が理想です。伝えたい情報はきちんと整理しておいたり、文章が長く難しくなってしまったら、もっとわかりやすい言葉で簡単に説明できないか考えるようにします。

書き方も内容もジャンルによってさまざまなので、いろいろな人の投稿を見て、つい読みたくなってしまう投稿や、わかりやすい投稿があれば参考にしてみてください。

3 キャプションの書き方

Instagramのキャプションについて、おすすめしたい書き方が2つあります。

ひとつは、投稿内で説明しきれなかった内容の補足です。投稿の最後の画像に「キャプションでもっと詳しく説明しています」と入れておけば、読んでもらいやすくなります。

もうひとつは、投稿を作った背景や気持ちについてです。私がブログを書いていた時から意識していることですが、いつも情報だけでなく、できるだけ気持ちも伝えるようにしています。**どうしてこの投稿を作ろうと思ったのか、どういう気持ちで作ったのか、見た人にどうなってほしいのか**などを伝えることで、投稿に厚みが出るような気がしています。

例えば「勉強ノートのまとめ方」についての投稿では、リクエストをもらってありがたかったこと、どうしてまとめ方を工夫するようになったのか、参考になったら嬉しいという気持ちなどを書いています。情報だけよりも、情報＋感情で「この人はこういう人なんだ」と伝えると、見てくれた人との距離も近くなると思うので、可能な限り伝えるようにしています。

また、キャプションに限ったことではありませんが、気持ちを伝えるのには絵文字は非常に有効です。ただ、「ありがとうございます」よりもその後に、気持ちを表すような絵文字をいくつか追加する方が、より想いが伝わる感じがします。メールと同じで、テキストのやりとりは顔が見えない分、感情が伝わりにくいので、ＳＮＳでもふだんより少しテンション高めで絵文字を使うと、気持ちが伝わりやすいです。

9

画像も動画も基本は書くことから始める

画像や動画を作る時にも、構成を書くことからスタートすると作りやすくなります。私も、InstagramやYouTubeで画像や動画を投稿する時、必ずメモパッドやノートにメモするようにしています。

全体の構成を考えずに、いきなり作り始めてしまうと、まとまりのない内容になりがちです。**一貫した内容にするためにも、最初にしっかりと構成を作ることが大切です。**

Instagramなら、最大10枚の画

Instagramの投稿の構成を書いたメモ。

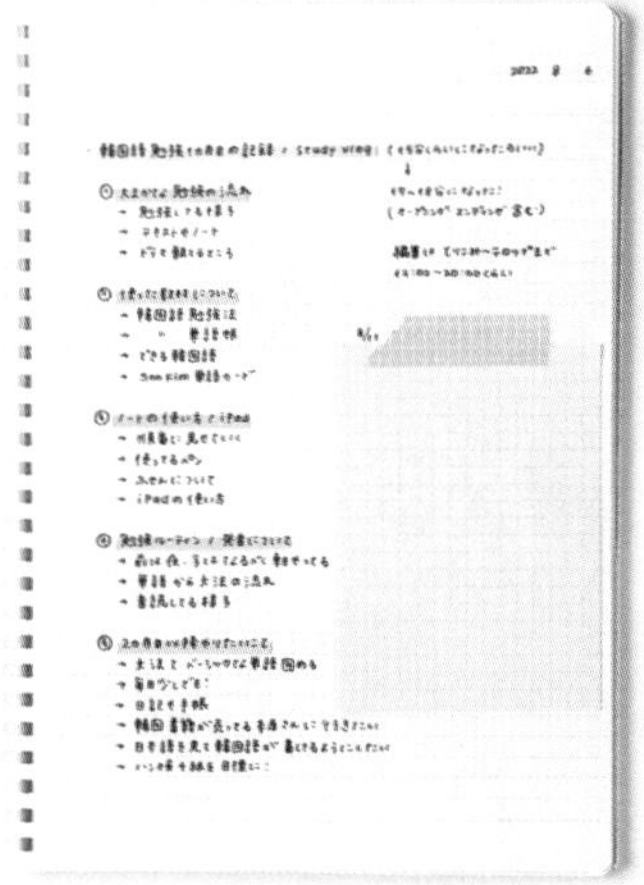

YouTubeで全体の構成を考えた時のメモ。

像を投稿することができるので、何をどの順番で見せるのかもメモするようにしています。まずテーマやタイトルを書き、その下に各画像の内容を書いていきます。

YouTubeなら、全体の構成を考え、映像や内容の流れをメモします。制作の際に迷うことがなくなり、次に動画を作る時の振り返りにも役立ちます。

こうして、画像や動画を作る時にもまずは構成を考えて書き留めることで、大枠のテーマや目的からずれないコンテンツを作ることができます。もし構成のメモがなかったら、いつのまにかテーマからずれてしまったり、伝えたいことが伝わらなくなってしまったりする可能性もあります。
もっと構成を細かく詰めたいと思ったら、以下のような内容も一緒にメモしておくと投稿がさらに作りやすくなるでしょう。

「韓国語の勉強法」についての投稿を作るなら……

□投稿の目的をメモする：韓国語の勉強法を初心者向けにわかりやすく伝える、など
□投稿を見てもらいたい人をメモする：これから韓国語の勉強を始めたい人、など
□投稿のデザインや画像のイメージをメモする：表紙は韓国語のテキストとノートを写す、など

構成に加え、どんな画像や動画を撮影するかも、事前にメモしておけばスムーズに作業することができます。TODOリストと同様、作ったものから順に塗りつぶすことで、どこまで完了したか可視化できるのも良い点です。

10

ＳＮＳの発信を改善するために書いていること

投稿を始めてすぐに納得のいくものが作れたり、上手に発信できたりする人はなかなかいません。試行錯誤を繰り返して慣れることで、表現が上手になっていくものだと思います。私もそうでした。ＳＮＳで投稿を続けるうちに書き留めるようになったことを、Ｉｎｓｔａｇｒａｍを例にいくつかご紹介します。「ＳＮＳをやっているけど、思うようにいかない」という人がいれば、参考にしてみてください。

投稿の改善点を書く

自分の投稿を客観的に見て、投稿の改善点を書き出します。タイトルづけがうまくできないと思ったら良さそうな言葉を探してみたり、何度も見返したくなる投稿作りには何が必要かを考えたりします。**投稿して終わりではなく、少し時間が経ってから見直してみる**と、「もっとこうしたらいいかも」というポイントが見つかるものです。

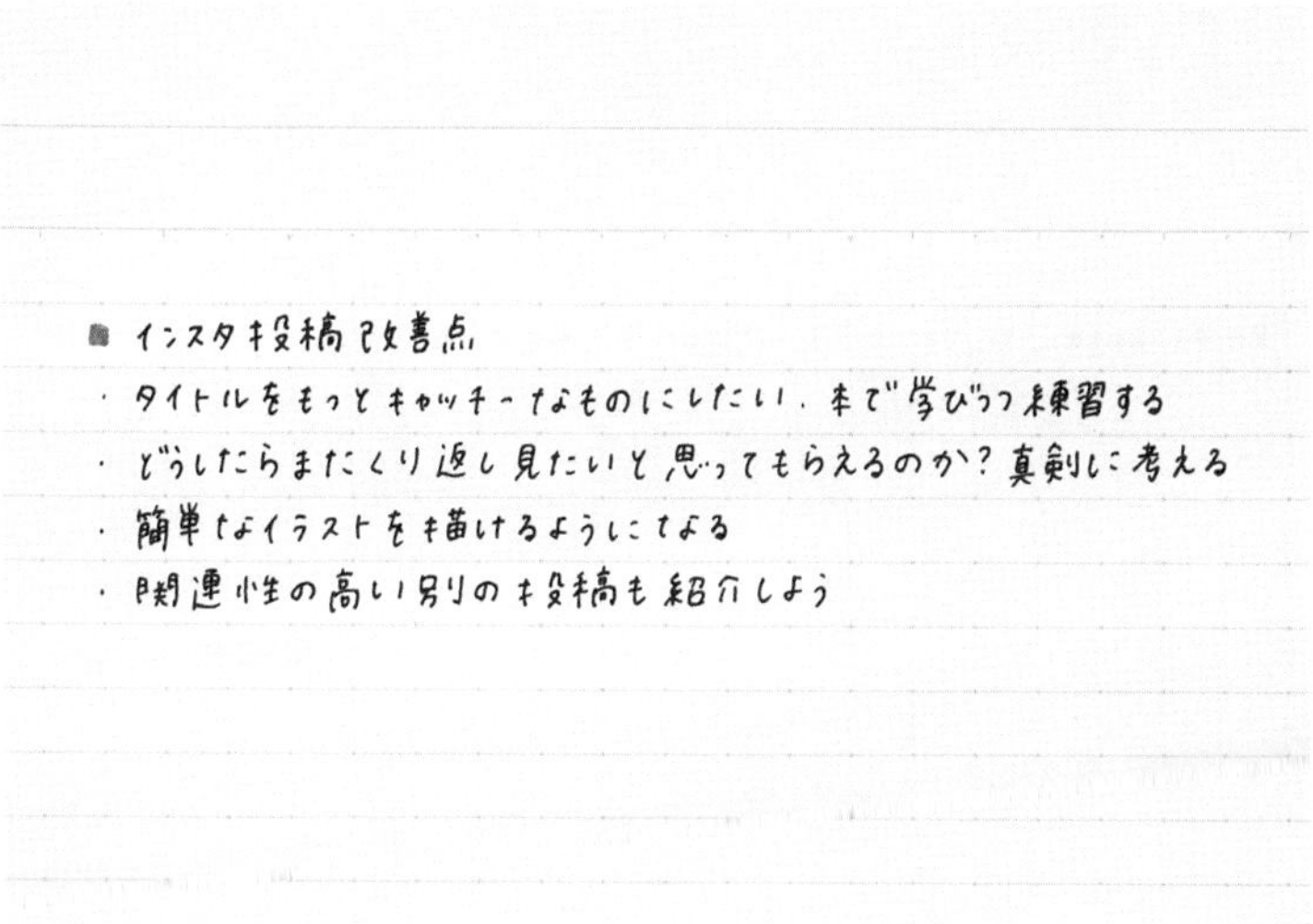

Instagramの投稿の改善点メモ。

インサイトをもとにメモを取る

Instagramは、プロアカウントに切り替えれば「インサイト」といって、各投稿がどれくらいの人に見られたのか、保存数はいくつかなどを確認できる機能があります。項目は違いますが、YouTubeなどほかのSNSでも、同じように分析できるようになっています。こうした各項目を書き出して、改善点を見つけます。

例えば投稿を始めた頃、コメント数が多い順に投稿を並び替え、それぞれの投稿ジャンルを書き出したところ、1位：デスク周り、2位：ダイエット、3位：トレーニングウェアという結果になりました。また、コメントの内容を見直せば、見ている人がどんなところに共感し、いいと思ってもらえたのかを知ることができるので、それらを総合して今後の投稿作りの改善のきっかけにしました。

インサイトの指標はいくつもあり、各項目について書き出すと、いろいろと違いが見えてきます。インプレッション数、コメント数、フォロー数、保存数など、人気の投稿やそうでない投稿についての各項目を書き出してみると、気づけることがたくさんあるはずです。

仮説と次の目標を書く

インサイトの各項目について書き出すだけでなく、それらの結果をもとに仮説を立て、次に試したいことや目標も書いています。

私はアカウントを始めたての頃、美容やダイエットの話題についても時々投稿していました。それらのジャンルのリーチ（投稿を見たユーザー）数は多く、投稿の伸びは良かったのですが、ほかの投稿に比べてフォローにつながる割合が少ないことが気になっていました。

そこでアカウントを見直したところ、プロフィールには美容やダイエットなどの言葉が

入っていなかったため、見てくれた人は、投稿を見る→どんなアカウントか興味を持って
プロフィールを見る→美容系ではなさそうなので、今後も美容系の投稿は少ないだろうと
判断してフォローせず→投稿を保存するのみで終わる、といった流れが考えられました。
それがわかると、「美容系の投稿を今後増やすなら、プロフィール文章にも入れる」も
しくは、「美容系の投稿はせずにジャンルを絞って投稿する」などの選択肢が出てきます。
その結果、私は「暮らしと勉強の工夫」を軸にすることにして、美容系の投稿は減らし、
アカウントのテーマに沿った内容を増やそうと決めたのです。
このように、インサイトの**結果を書き出すだけでなく、それをもとに考えた仮説を検証
することで**、アカウントの育成にもつながります。ぜひ試してみてください。

11 ブログで書いて伝えるメリット

ここからは、ブログに話を移します。今は情報発信というとSNSがすぐに思い浮かぶかもしれませんが、ブログもいまだに人気が高く、今の時代にもメリットが多くある情報発信の方法だと思っています。

ブログで書いて伝えるメリットは、大きく分けて3つあります。

ひとつ目は、ブログでは長い文章が書けるので、**SNSでは伝えきれない感情やまとまった情報を詳細に伝えられる**点です。

SNSでは簡潔に、短く、わかりやすく伝えることが求められやすいので、詳しく説明できる機会がなかなかありません。その点、ブログなら文字数に限りがなく十分に気持ちや情報を伝えられて、読者に親近感を感じてもらうきっかけにもなります。

2つ目は、**考えていることや体験したことの言語化の練習になる**点です。

日記でも言語化の練習はできますが、誰かに見せる文章となると伝える意識が強く働き、言葉選びや文章の組み立てに、より慎重になります。

また、考えていることを言葉にしてひとつの記事として投稿すると、頭の中のモヤモヤがすっきりするだけでなく、その内容が誰かの役に立つこともあります。「参考になった」というような感謝の言葉をもらうと、「自分の体験が誰かの役に立って良かった」と嬉しい気持ちになります。

3つ目は、**ブログを通して新たな仕事や出会いが舞い込んでくる可能性がある**点です。私もブログがきっかけで、はじめて書籍を執筆する機会をいただきました。テレビ出演や雑誌掲載の依頼をいただいたこともあります。また、共通の興味を持つ友人と出会うなど、ブログはさまざまな機会や出会いをもたらしてくれました。

ブログを副業として、稼ぐために始めたい、という人もいると思います。ブログは広告を貼るなどして収益化できるので、副業として始めるのも良い選択肢だと思います。ただ、稼ぐためだけに書くとなると、いつのまにか楽しんで書けなくなったり、行き詰まる時が出てくることもあるでしょう。あくまで伝えたいことを書く、文章を書くことを楽しむ、を主軸に置いて始めてみてくださいね。

さて、これから発信を始めるにあたって、ブログを始めるのがいいの？　それともＳＮＳ？　いやいや両方？　と迷う方のために……。

まず、ブログだけを始める場合、読者は検索から入ってくる人が中心となります。しかし、検索順位は変動しやすく、検索順位が下がればアクセスが少なくなってしまうので、ブログだけで進めるのはあまり得策とは言えません。

ブログを始めるなら何かひとつ、ＳＮＳとセットで取り組むのが効果的です。前述のように、ブログは文章主体のものなので、同様に文章での発信がメインのＴｗｉｔｔｅｒとは相性が良く、双方とも読まれやすい傾向にあります。一方で、動画主体のＴｉｋＴｏｋやＹｏｕＴｕｂｅはブログとの相性はあまり良くないように思います。

私はブログ（ｎｏｔｅ）を書いてＩｎｓｔａｇｒａｍのストーリーズに流すことがありますが、一定数の人は読んでくれていると感じています。

ブログはＴｗｉｔｔｅｒにプラス、Ｉｎｓｔａｇｒａｍにプラスのように、まずＳＮＳで自分のことを知ってくれた人に、もっと詳しく伝えたい、という目的で活用するのがいいでしょう。

12

ブログサービスの選び方

書くことを楽しみたい、という目的だけなら、無料のブログサービスで十分です。無料で始められるブログサービスには、「はてなブログ」や「Ａｍｅｂａブログ」などがあります。

稼ぐことを念頭に置くなら、自由に広告が貼れるように、自分でドメインを取得してレンタルサーバーを借りる「ＷｏｒｄＰｒｅｓｓ」というツールを使うのが最適です。ただし、ＷｏｒｄＰｒｅｓｓブログの構築には手間や時間がかかります。開設してからも、定期的にテーマやプラグイン（機能を追加できる仕組み）の更新をするなど管理が大変なので、初心者の場合は特に、書くことに集中するのが少し難しいと感じます。

そこで私がおすすめしたいのは、「ｎｏｔｅ」というサービスです。文章に限らず、さまざまなコンテンツを投稿できるプラットフォームで、ＳＮＳのようにフォローやスキ（いいねのような機能）など、モチベーションを保ちやすい機能もついています。

デザインやフォーマットがシンプルなので、書くことに集中できるのも良いところです。アカウントを開設してすぐに記事を書き始められて、更新や管理などの必要もありません。気軽に文章を書きたい人にはぴったりです。また、ｎｏｔｅのサイトやアプリにアクセスすると、ほかの人の記事にも触れることができ、刺激や楽しみもあります。

ｎｏｔｅでは、有料記事を作成したり、「マガジン」といってタイトルをつけて、該当する記事をまとめたりすることもできます。月額会費制のコミュニティを始められる「メンバーシップ」の機能もあるなど、今後もサービスの拡充が期待できそうです。

ブログサービスはほかにもあるので、ぜひ一度調べて、自分に合いそうなものをピックアップしてみてください。無料なら登録して、使いやすさなどを比べたうえで、ひとつに決めるのもいいと思います。

ちなみに、私もｎｏｔｅで文章を書いているので、良かったら参考にしてください。

（ｎｏｔｅ：https://note.com/rukaruka）

13

ルールは気にせずに文章を書いてみる

いきなり長い文章を書くのは難しい、と感じる人もいるかもしれません。また、投稿するなら「うまい文章を書かなきゃ」と思う人もいるでしょう。でも、私は**「うまい文章」の感じ方は人それぞれ**ではないかと思っています。人によって感動する文章、心地良いリズム、なじみのある語彙や言い回しなど、共感の形はいろいろです。ルールやフォーマットなど何ものにもとらわれず、まずは自由に書いてみましょう。

書き出しがわからなければ、「こんにちは、〇〇です」と名乗った後に、「今回は〇〇について書きます」と宣言してしまいましょう。私もだいたい、この書き出しで書いています。

ですます調、である調についても、好きな方や書きやすい方を選んでOKです。ですます調は丁寧で親近感のある雰囲気、である調は堂々としてカジュアルな雰囲気を醸し出します。好きな文章があれば、それを参考に選ぶのもいいと思います。

もしひとつ、文章を書く時にコツがあるとするなら、**「自分の文章を読んでどう感じてもらいたいか」を考える**と、文章を書きやすくなるように感じます。笑ってもらいたい、ポジティブな気持ちになってほしい、癒されてほしい、情報が役に立つように、などなど、何のために文章を書くのかを考えると、内容や文体がブレずに書けるようになります。私はいつも、自分の文章が誰かの励みになるように、と意識して書くようにしています。

「検索順位を上げるには、〇文字書かないといけない」といった文字数の目安もあるかもしれませんが、最初から気にしなくて大丈夫です。私もはじめの頃は、1記事につき1000文字も書けませんでした。とにかく最初は、文章を書くのに慣れることと、伝えたい気持ちを優先するのが一番です。

ライティングのルールや書き方のテクニックは、徐々に身につけていきましょう。**大事なのは「どういう気持ちで、どんな目的で書くか」**です。これをはっきりさせたうえで、読みやすく、わかりやすくなるように、後からライティングについて勉強していけばＯＫです。

難しいことは考えず、まずは書きたいことを自由に綴ってみましょう。

14

共感を呼ぶ文章を書くコツ

「長い文章を読んでもらうにはどうしたらいいか」を考えた時、私は、「共感する気持ちがあれば、最後まで読んでもらえるかもしれない」と思っています。そこで、「共感を呼ぶ文章」について、いくつか大事なポイントをご紹介します。

相手の気持ちを先回りする

文章を書く時に大事なポイントのひとつが、主観性と客観性を併せ持つことです。主観で意見や体験談について書きつつも、客観性を持って自分の文章を見ることで、読んだ人がどう思うかが想像できます。そうして想像したうえで、相手の気持ちを先回りして言葉にします。

例えば、「Ｉｎｓｔａｇｒａｍでは世界観を意識することが大事です」という文章を読んだ時に、読者が思うことを想像してみます。すると、「世界観を意識するって、具体的にはどういうこと?」と疑問に思うかもしれないと予想できます。この疑問を傍らに置いたまま次の話題に移ってしまうと、読者の気持ちを置いてけぼりにしてしまうことになります。

そこで、「Instagramでは世界観を意識することが大事です」の後に「世界観を意識するってどういうこと？と思う方は多いと思うので、具体的に解説します」と続くと、読者は安心するし、「そうそう、それが知りたかった！」と思ってくれるかもしれません。

このように、**あくまで主観的に書きつつも、どこかで第三者的な目を持って読者の気持ちを置き去りにしないこと、少しでも疑問や不安を感じそうな場面では、即座にフォローする文章を入れること**で、読者の気持ちが離れずに読み続けてもらうことができます。

説得力を大切にする

私は文章を書く時、「地に足が着いた文章を書きたい」といつも思っています。「私はこう思う」といくら伝えても、それを裏付ける体験談や、そう思うまでの道筋がはっきりしないと、読者には伝わりづらいからです。

「私はこう思う（意見を伝える）→それは○○だから（理由を書く）→実際に〜（体験談を書く）」といったように、体験談がベースとなった内容は、自分の意見やその理由の支えになってくれます。**しっかりとした根拠があってはじめて、読者に納得してもらえる**ものだと思うのです。

感動したら熱が冷めないうちに書く

何かに心が動いた瞬間があったら、その熱が冷めないうちに文章を書きます。できればその日のうちに、遅くとも次の日には書くことをおすすめします。

文章は、書いている時の気持ちやテンションが大きく関わってきます。特に感動した時は、そのテンションを保ったまま書くことで、読者により気持ちが伝わる文章になります。

気をつけたいのは、ネガティブな出来事に出合った時です。嫌な出来事なのにそれを書きたいと思う時は、感情がたかぶって強い言葉を使ってしまう可能性が高くなります。そんな時には少し時間を置いたり、ブログには書かず、日記に書いて気持ちを収めた方がいいかもしれません。

15 伝える言葉を磨いていく

文章は自由です。何をどんなふうに書いてもOKです。ただ、少し書けるようになってきて、もっといい文章を書けるようになりたい！と思ったら、次の方法をぜひ試してみてください。

類語を調べる

類語を知っているほど、文章の幅が広がります。繰り返し同じ単語を使ってしまいがちな時も、類語に置き換えるとくどい表現になりません。例えば、「方法」という言葉の類語を考えると、「やり方」「手段」「手立て」「取り組み方」などの言い方があります。

私のお気に入りのサイトは「連想類語辞典（https://renso-ruigo.com/）」で、類語や言い換えを探す時にいつも活用しています。このサイトで「方法」と検索すると、数えきれないほどの類語、連想語が出てきて、気になった言葉をクリックすればさらにその類語を知ることができます。

言葉のストックを増やしたい時、言い換え方を知りたい時は、積極的に類語を検索してみてください。

不安な言葉は必ず調べる

ふだんあまり使わない言葉を使う時や、少しでも使い方に疑問を持った言葉は、必ず調べます。逆に、言い表したい内容があるのに言葉が思いつかない時も、調べることで的確な言葉が見つかることがあるので、文章を書くうえで調べることは欠かせません。

例えばこの間、私は仕事でミスをして迷惑をかけてしまったにもかかわらず、相手の方が寛容に受け入れてくださったことがあります。そこで、感謝の言葉を伝えたいと思い、的確な言葉を探すために「寛容　感謝したい時」と調べてみたところ、「寛大なご配慮に感謝申し上げます」「ご寛容に感謝いたします」といった言い方を知りました。

こうして調べることで、自分の気持ちに沿った言葉が見つかるだけでなく、後々の自分の表現の幅を広げることにつながります。

良い言葉に触れる

良い文章を書きたいと思ったら　良い言葉にたくさん触れるのが一番です。良い言葉に触れるには、やはりたくさんの本を読むのが近道です。

私は語学の勉強が好きで、語学の習得方法についての本を何冊も読んできました。最近では、語学習得に関する書籍『20ヵ国語ペラペラ　私の外国語学習法』種田輝豊（筑摩書房）に書かれていた、「ことばは人間のよろこびだ」という文章が強烈に印象に残り、素敵な一文だなと感じて思わずマーカーで印をつけました。

本を読んでいると、いろいろな表現や新しい言葉に出合います。逆に、**言葉のインプットなしには、良い文章を書くことは難しいでしょう。**好きな小説でも、ビジネス書でも構わないので、できるだけ多くの言葉に触れ、感動した言葉にはマーカーを引き、その言葉を大切にしてください。こうした地道な行動を繰り返すことで言葉の引き出しが増えていき、伝えたいことを適切な言葉で伝えられるようになります。

CHAPTER 4

楽しむために書く

1

「書くこと」そのものを楽しみたい人へ

本章では、何かのために書くのではなく、書くこと自体を楽しむためのアイデアをお伝えします。

いざ、何か書いてみようと思っても、文字がうまく書けない、ノートをきれいにまとめられないなど、書いたものに納得がいかなくて心から楽しめないという人はいませんか？実は私も、こうした悩みを持っていました。

「一番大事なのは内容で、きれいに書くことは重要ではない」という意見もあるかもしれませんが、やっぱりうまく書けたら嬉しいし、書くのが楽しくなります。それに、文字の書き方も、ノートのまとめ方も、練習次第で上手になるものです。

私は学生時代、自分の字が嫌いで、何度も書いて練習していました。社会人になって語学の勉強を始めてからは、アルファベットやハングルをバランス良く書けるようになりたくて、日本語以外の文字も練習しました。Instagramに投稿するためにiPadで手書き加工を始めた当初は、全然うまく書けなくて苦労しましたが、練習してコツを見つけたら以前よりも手書きが楽しくなりました。

子どもの頃に習字を習っていた経験はなく、もともと字がきれいなタイプでもありませんでしたが、練習次第で字が変わることを実感しています。好きな手書き文字を見つけて参考にしたり、苦手な文字を練習したりすることで、昔よりは自分なりに納得感を持って書けるようになってきました。

文字の練習は、「書くことに少し興味は湧いたけど、字が下手だから……」と二の足を踏んでいる人に、ぜひ試していただけたら嬉しいです。すぐに成果が出るものではありませんが、**毎日少しずつでも練習していけば、きっと自分でも気に入る字が書けるようになる日が来ます。**

この章では、文字を上手に書くコツのほかにも、可愛いノートが作れるデコレーション術、デジタルで手書き加工する方法など、文字や文章を視覚で楽しむいろいろな方法について解説していきます。

Before

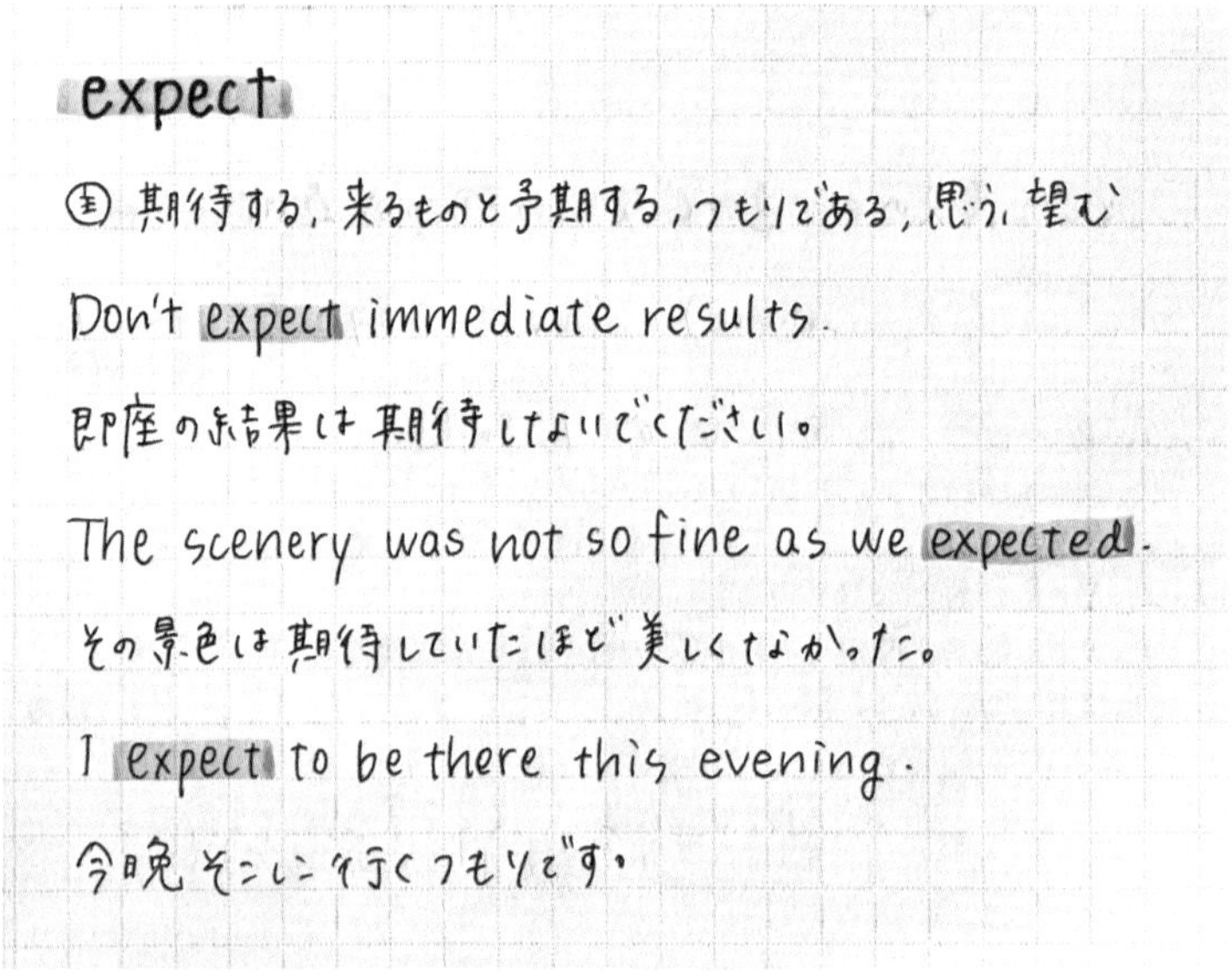
expect
㊀ 期待する、来るものと予期する、つもりである、思う、望む
Don't expect immediate results.
即座の結果は期待しないでください。
The scenery was not so fine as we expected.
その景色は期待していたほど美しくなかった。
I expect to be there this evening.
今晩そこに行くつもりです。

After

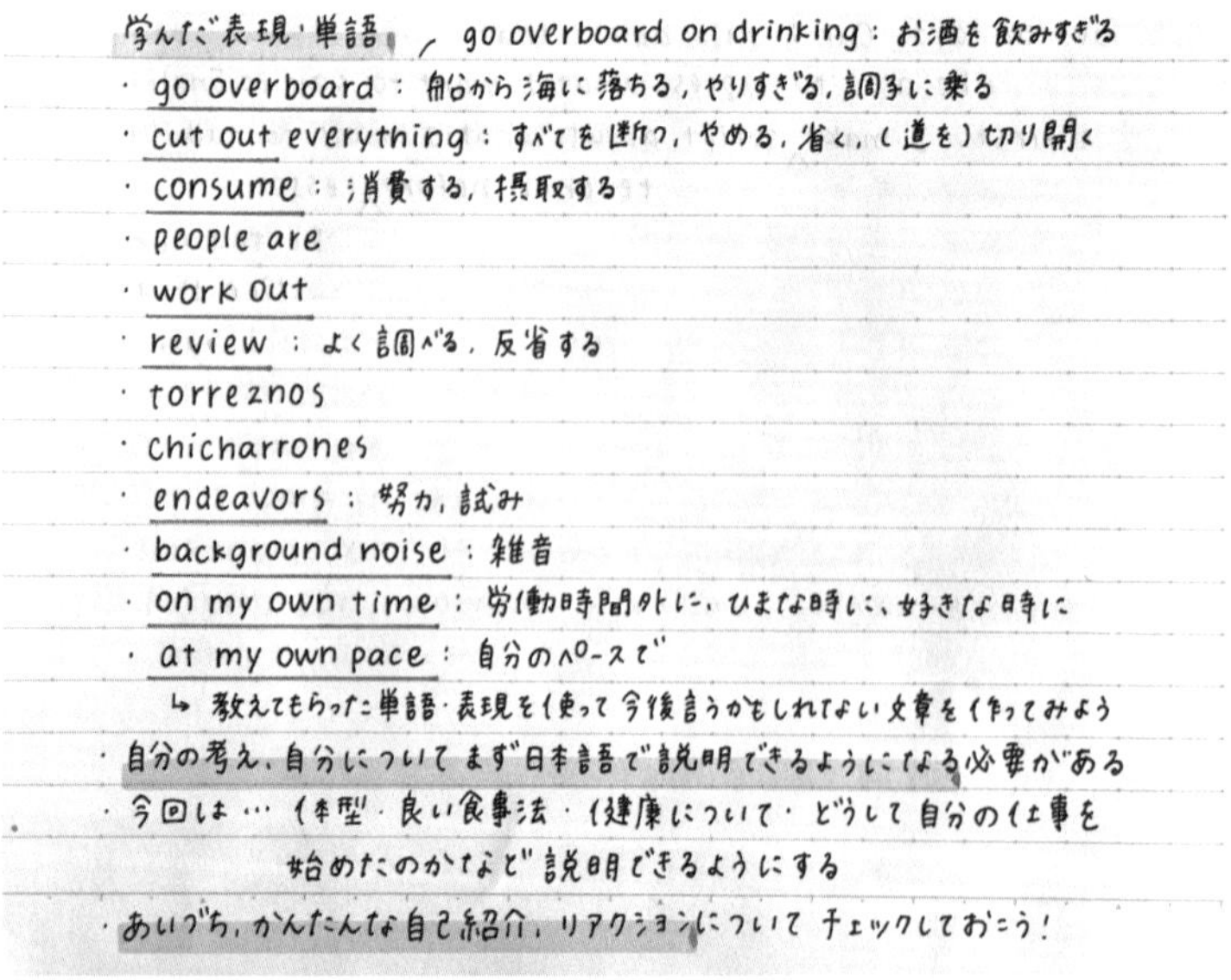
学んだ表現・単語 / go overboard on drinking：お酒を飲みすぎる
・go overboard：船から海に落ちる、やりすぎる、調子に乗る
・cut out everything：すべてを断つ、やめる、省く、(道を)切り開く
・consume：消費する、摂取する
・people are
・work out
・review：よく調べる、反省する
・torreznos
・chicharrones
・endeavors：努力、試み
・background noise：雑音
・on my own time：労働時間外に、ひまな時に、好きな時に
・at my own pace：自分のペースで
↳ 教えてもらった単語・表現を使って今後言うかもしれない文章を作ってみよう
・自分の考え、自分についてまず日本語で説明できるようになる必要がある
・今回は… 体型・良い食事法・健康について・どうして自分の仕事を
始めたのかなど説明できるようにする
・あいづち、かんたんな自己紹介、リアクションについてチェックしておこう！

私の手書き文字のBefore、After。練習すればするほど字が
変化していくのが面白く、楽しいなと感じます。

2 文字は練習すればうまくなる

「文字をきれいに書く」という行為は、分解すると二段階に分けられます。

ひとつ目は「理想の文字を知ること」、２つ目は「ペンを思い通りに動かすこと」です。

つまり、理想の文字がどんな形かを知って理解し、それを再現できるようになれば自分の好きな文字が書けるようになります。

【きれいな文字が書けるようになるステップ】

1 理想の文字を知る

文字をうまく書けない理由のひとつは、どんな文字を書けるようになりたいか、具体的にイメージできていないからではないでしょうか。これを解決するためにはまず、**文字のインプットが大切です。**具体的には、いろいろな人の文字を見たり、きれいだと感じる文字や理想とする文字を集めます。人によって憧れる字は違うと思うので、**「こんな字が書きたい！」と思うような好きな文字を見つけてみましょう。**

好きな文字を探すのにうってつけなのが、Ｐｉｎｔｅｒｅｓｔというアプリです。Ｐｉｎｔｅｒｅｓｔの良いところは、ひとつの画像をクリックすると、それに似た画像も同時に見られるところ。「ノート」「きれいな字」「手書きノート」「ノートアイデア」などのキーワードで調べてみると、手書き文字がたくさん見つかるはずです。理想の字や素敵なノートのまとめ方などの画像があれば、保存していきます。

アルファベットを上手に書きたいなら「ｎｏｔｅ ｉｄｅａ」「ａｌｐｈａｂｅｔ ｐｒａｃｔｉｃｅ」、ハングルなら「ハングル 手書き」「韓国語 手書き」といったキーワードで探します。

ほかにも思いつくキーワードがあれば、いろいろ試してみてください。

Ｉｎｓｔａｇｒａｍなら、「#50音」「#手書き文字」などのハッシュタグで探すと、さまざまな文字に出合えます。私も「文字の書き方」として、ひらがなやアルファベットの書き方をＩｎｓｔａｇｒａｍで投稿しているので、よければ参考にしてみてください。

このほか、ペン字練習用の書籍を参考にする方法もあります。大人っぽい文字、きれいな文字、可愛い文字、どんな文字が書けるようになりたいのかを想像しながら探してみてください。

2　実際に手を動かして練習する

文字を練習する時、お手本を見ながら練習する方法や、なぞって練習する方法がありま す。いずれにしても、好きな文字の画像がある場合は、手元に置いて見られるように印刷しておくと練習しやすいです。

画像が複数ある場合、画像編集ソフトなどで、Ａ４用紙サイズに収めてまとめてプリントしてもＯＫです。お手本として使うので、大き過ぎず小さ過ぎず、実際に文字を書く時の大きさになるように画像を調節して印刷するといいです。

お手本となる文字を手元に置いたら、その隣に方眼紙を用意して、文字をよく見ながら方眼紙の上に書いていきます。方眼紙はマス目があり、線を頼りにして文字のバランスが取りやすいのでおすすめです。

最初から同じようには書けないと思いますが、一通り書いたら、自分の文字と何が違うのか、よく観察してみます。見比べながら違いを確認し、意識しながらもう一度、お手本をよく見て書く、を繰り返し行いましょう。

どうしても全然違う形になってしまう、という時には、お手本の上にトレーシングペーパーを重ねて、文字をなぞって練習します。

書きにくい字があれば、集中的に観察したり、何度も書き写したりするうちに、視覚情報とペンの動きが重なってきます。

インプットとアウトプットを何度も繰り返すことが、文字上達の鍵になります。

理想的なのは、毎日10分程練習することです。私も1日10分、多い時で30分ほど、好きな文字を探したり、見ながら書く練習をしていました。


見た通りに手を動かすのは、案外難しいものです。まっすぐな縦線や横線を引きたくても思ったように動かなくて、手元がブレてしまうこともあります。

でも、運動と同じで、何度も繰り返し練習するうちに、だんだんできるようになってきます。もし、いくら練習してもうまくいかない場合は、ペンの持ち方から見直してみましょう。必要以上に力が入り過ぎていないか、無理な姿勢になっていないか、よく確認してください。


好きな文字、書きたい文字はひとつに絞らず、いくつか用意して練習するのもおすすめです。いろいろな書き方に触れるうちに、「こうした方がいいかも」といった自分なりの書き方が見つかることもあります。

そうやっていろいろな字を参考にして練習していくうちに、本来の自分の文字の個性も加わって、あなたにしか書けない文字が書けるようになるはずです。

3 文字を上手に書くコツ

ここでは、文字を書く時に意識している私なりのコツをいくつかご紹介します。前の項目で紹介した文字の練習を続けつつ、自分で字を書く時にこれらを意識すると上達速度がより上がるので、ぜひ試してみてください。

【文字を上手に書くコツ】

1 方眼紙を使う

縦線と横線が書いてある方眼紙は、文字のバランスを見る時に役立ちます。

後で説明しますが、iPadのアプリで書く時も、方眼のガイド線があるとないとでは書きやすさがまったく違ってきます。文字を練習しながらノートをまとめたい時は、方眼のノートやルーズリーフを使ってみてください。

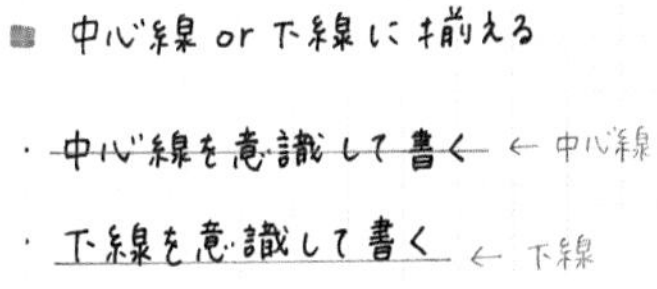
中心線 or 下線に揃える
・中心線を意識して書く ← 中心線
・下線を意識して書く ← 下線

文字の中央に合わせた例（上）と下辺に合わせた例（下）。

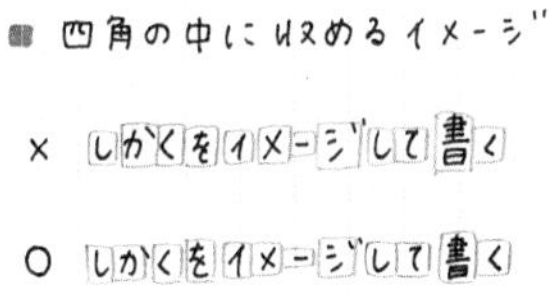
四角の中に収めるイメージ
× しかくをイメージして書く
○ しかくをイメージして書く

四角を意識して、その中に文字を収めるように意識します。

2 四角の中に文字を収めるイメージで書く

一文字一文字の大きさがバラバラだと、統一感のない印象になってしまいます。**同じ大きさの四角を意識して、その中に収めるイメージを持ちましょう。**ただし、漢字はひらがなよりもやや大きめの方がバランス良く見えます。

3 中心線か下線にそろえる

文字を書く時、私がもっとも意識しているポイントが「バランス」です。**文章を書く時には、文字の中心線か下線を意識します。**どういうことかというと、文字の真ん中に一本線が通っているように意識して書くか、下線にぴったり合うように書くのか、ということです。このどちらかのパターンを守れば、文章全体がまとまっ

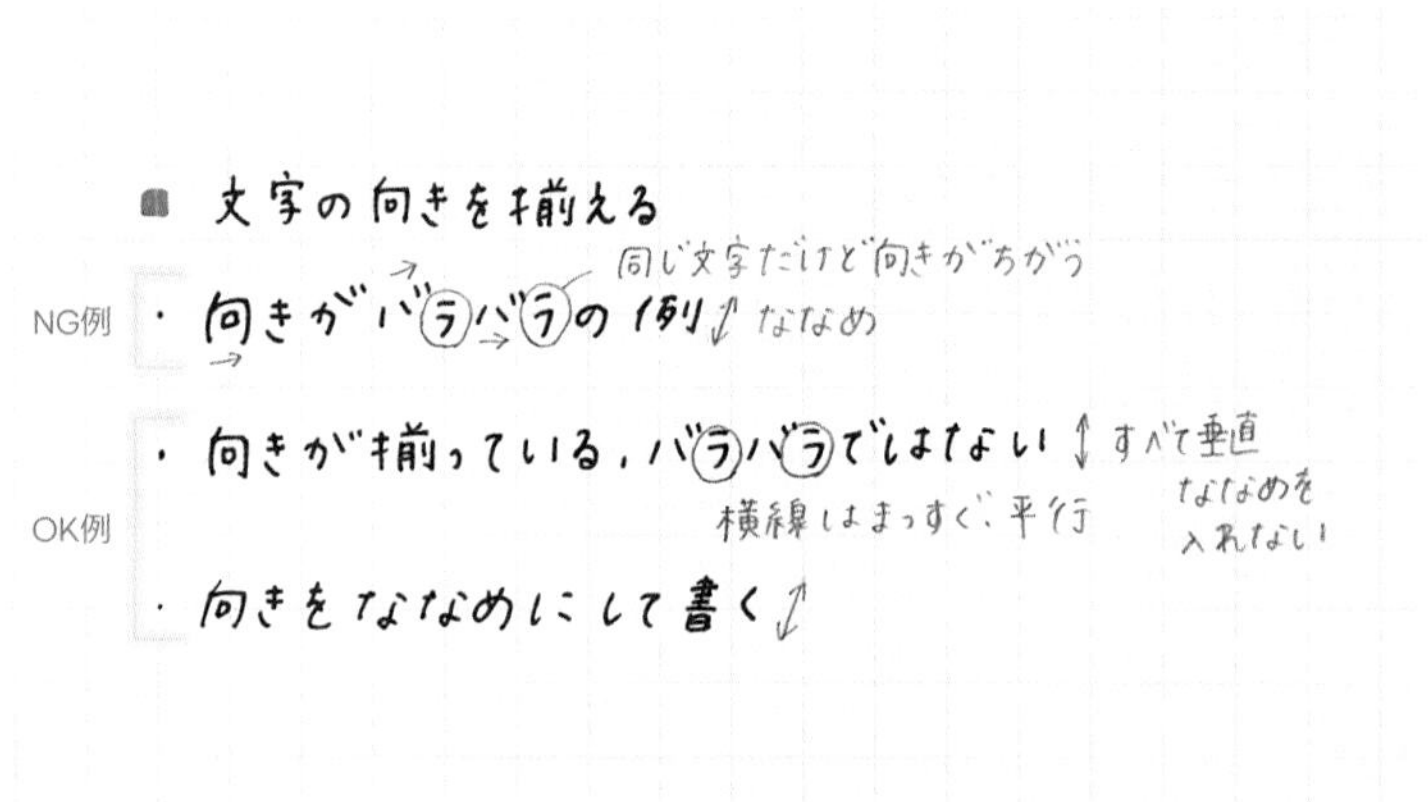

文字の向きを揃える
NG例
・向きがバラバラの例 ななめ
同じ文字だけど向きがちがう
OK例
・向きが揃っている，バラバラではない すべて垂直
横線はまっすぐ，平行
ななめを入れない
・向きをななめにして書く

文字の向きがそろっていない文章（上）と、向きをそろえた文章（真ん中・下）の例。

て見えるようになります。

4 向きをそろえる

全体的な文字の向きをそろえます。垂直なのか、少し斜めに書くのかによって、文字の印象も変わってきます。例えば、文字に斜体がかかっているような文章は、大人っぽい雰囲気やおしゃれなニュアンスが演出できます。文字によってバラバラではなく、同じ文章内の文字は向きを統一するようにしてみましょう。

5 文字と行の間隔を意識する

文字と行のそれぞれの間隔（字間と行間）が同じくらいになっていると、きれいに整って見えます。書いていると文字そのものに集中して

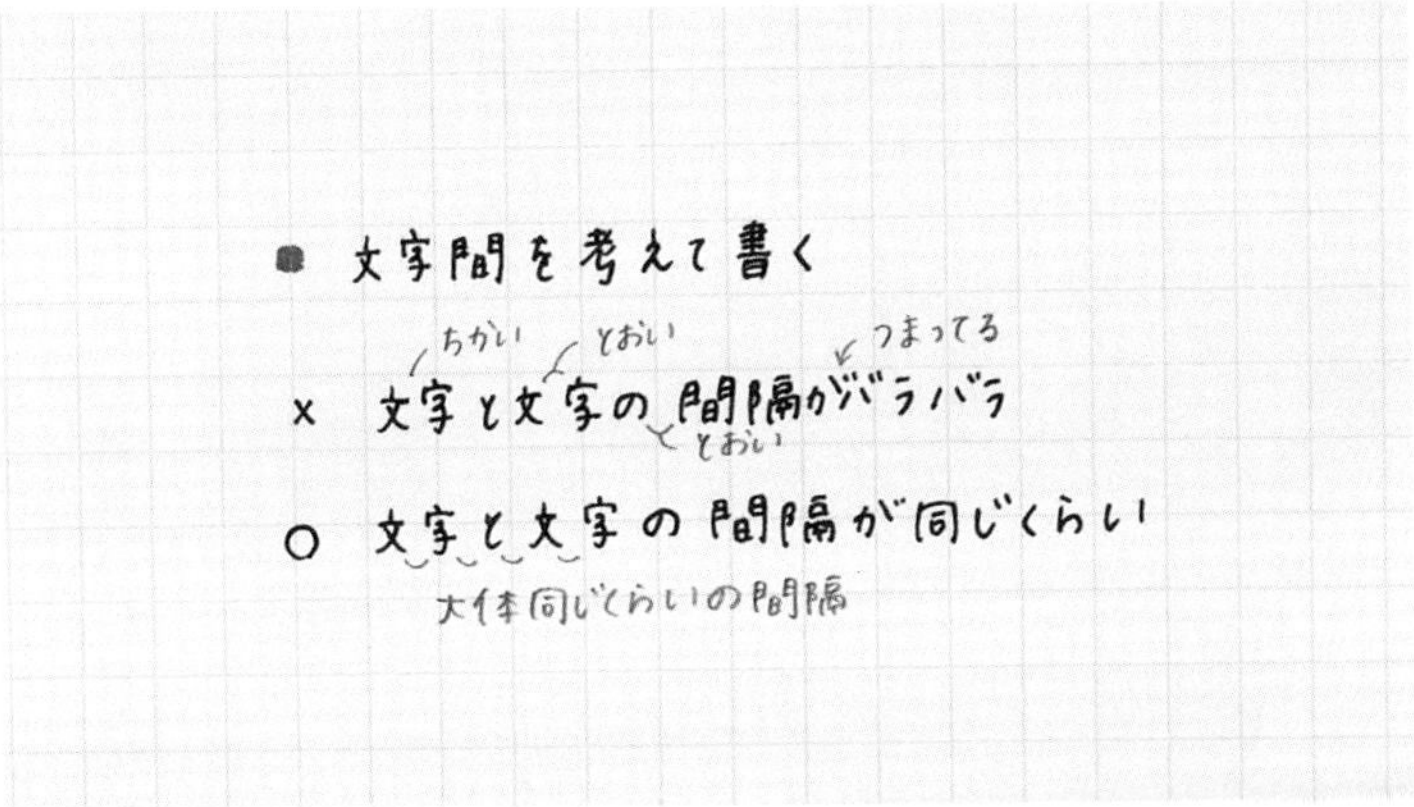

文字と文字の間（字間）がそろっていない例（上）とそろえた例（下）。

しまうかもしれませんが、時々ノートを目から離して全体を見てみましょう。文字と文字、文章と文章の間隔を意識できると、ノートにまとめた時もきれいに見えます。

6 文字の大きさで印象は変わる

文字は、大きく書けば堂々した感じに、小さく書けば可愛らしい感じになります。どんな印象の文字を書きたいのかを考えながら、文字の大きさを調節してみてください。

4

モチベーションが上がるノート作り

ノート作りが楽しくなると、自然と書くことやノートにまとめることも楽しくなります。形から整えていくのも書くことを楽しむコツのひとつ。まずは、モチベーションが上がるノート作りを目指しましょう。

はじめに、可愛い&書きやすい文房具をそろえて、ノートを書く時にワクワクする気持ちを高めます。ペンケースの中身を、本当にお気に入りのものだけにしたり、好きなカラーで統一したりするのもいいと思います。

ノートを書く際は、見開きや、1ページ単位で使うカラーを統一するときれいです。もしくは、組み合わせがきれいな2色使いも可愛らしく仕上がります。

私のお気に入りは、グリーン&パープル、ピンク&ブルーの組み合わせです。ほかにもオレンジ&イエローなど同系色同士のコンビネーションも好きで、よく使っています。

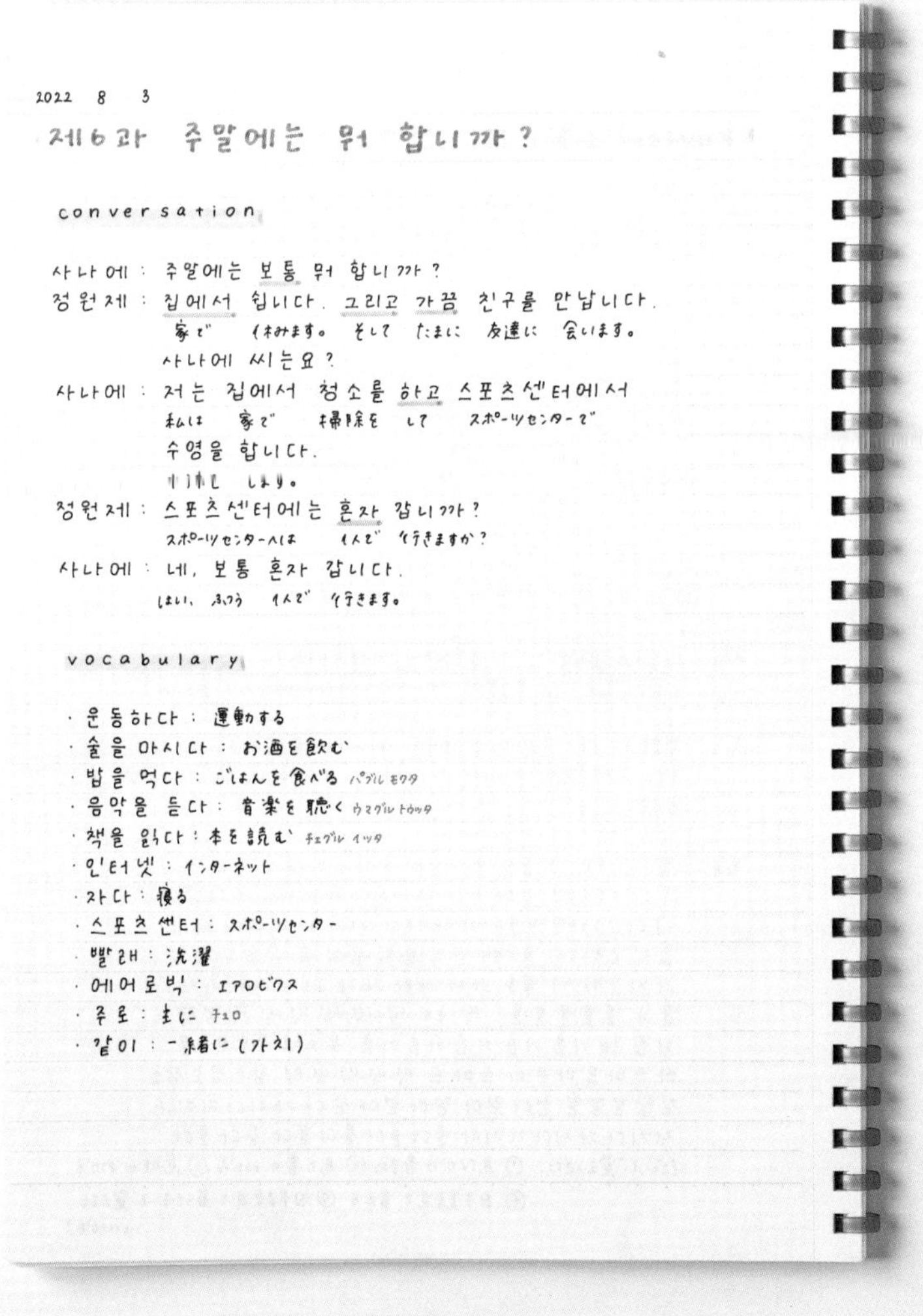
2022 8 3
제6과 주말에는 뭐 합니까?
conversation
사나에 : 주말에는 보통 뭐 합니까?
정원제 : 집에서 쉽니다. 그리고 가끔 친구를 만납니다.
家で 休みます。 そして たまに 友達に 会います。
사나에 씨는요?
사나에 : 저는 집에서 청소를 하고 스포츠센터에서
私は 家で 掃除を して スポーツセンターで
수영을 합니다.
水泳を します。
정원제 : 스포츠센터에는 혼자 갑니까?
スポーツセンターへは 1人で 行きますか?
사나에 : 네, 보통 혼자 갑니다.
はい、 ふつう 1人で 行きます。
vocabulary
· 운동하다 : 運動する
· 술을 마시다 : お酒を飲む
· 밥을 먹다 : ごはんを食べる パブル モクタ
· 음악을 듣다 : 音楽を聴く ウマグル トゥッタ
· 책을 읽다 : 本を読む チェグル イッタ
· 인터넷 : インターネット
· 자다 : 寝る
· 스포츠 센터 : スポーツセンター
· 빨래 : 洗濯
· 에어로빅 : エアロビクス
· 주로 : 主に チュロ
· 같이 : 一緒に (가치)

黒文字のほか、ピンクとブルーを使って可愛らしく、見やすくしています。

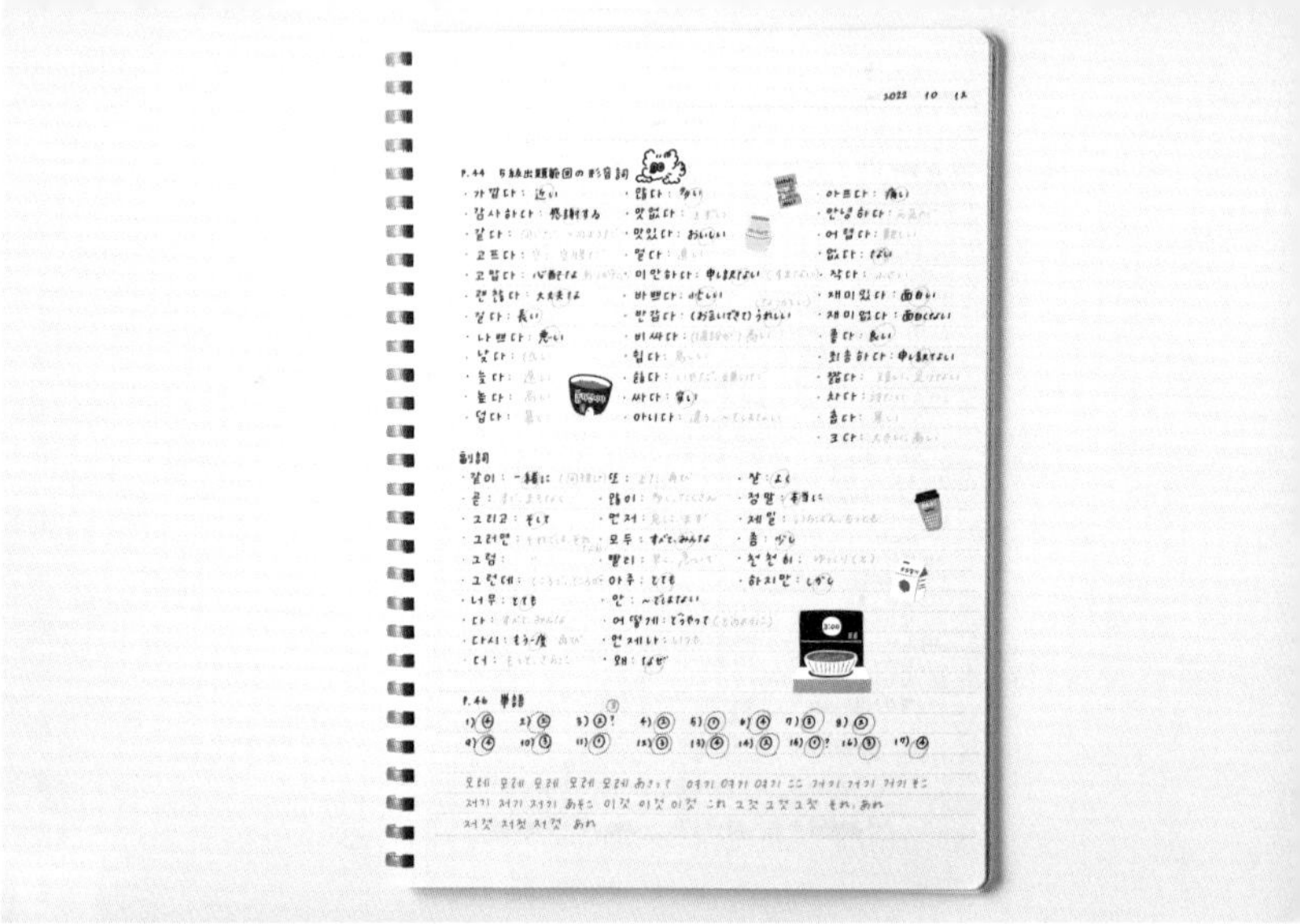

お気に入りのシールを貼ると、気分も上がってきます。

ノートの余白には、ちょっとした飾りや簡単なイラストを入れると可愛らしくなりますが、うまく書けない人は、●や■といったシンプルな記号を活用するのがおすすめです。私はいつも大きなテーマを書く時に、「クリッカート」という太めのカラーペンを使って■を書きます。その下に、・や番号、矢印を使って、その詳細をまとめます（P100のノート参照）。

まとめ方のルールをガチガチに決め過ぎると書く時に面倒な気持ちが先に立ってしまうこともあるので、そのへんはざっくりと、なるべくシンプルにまとめるようにしています。

間違えやすいポイントや、特に覚えておきたいところには、好きなシールを貼るのもいいです。私はノートや手帳のデコレーション用に、

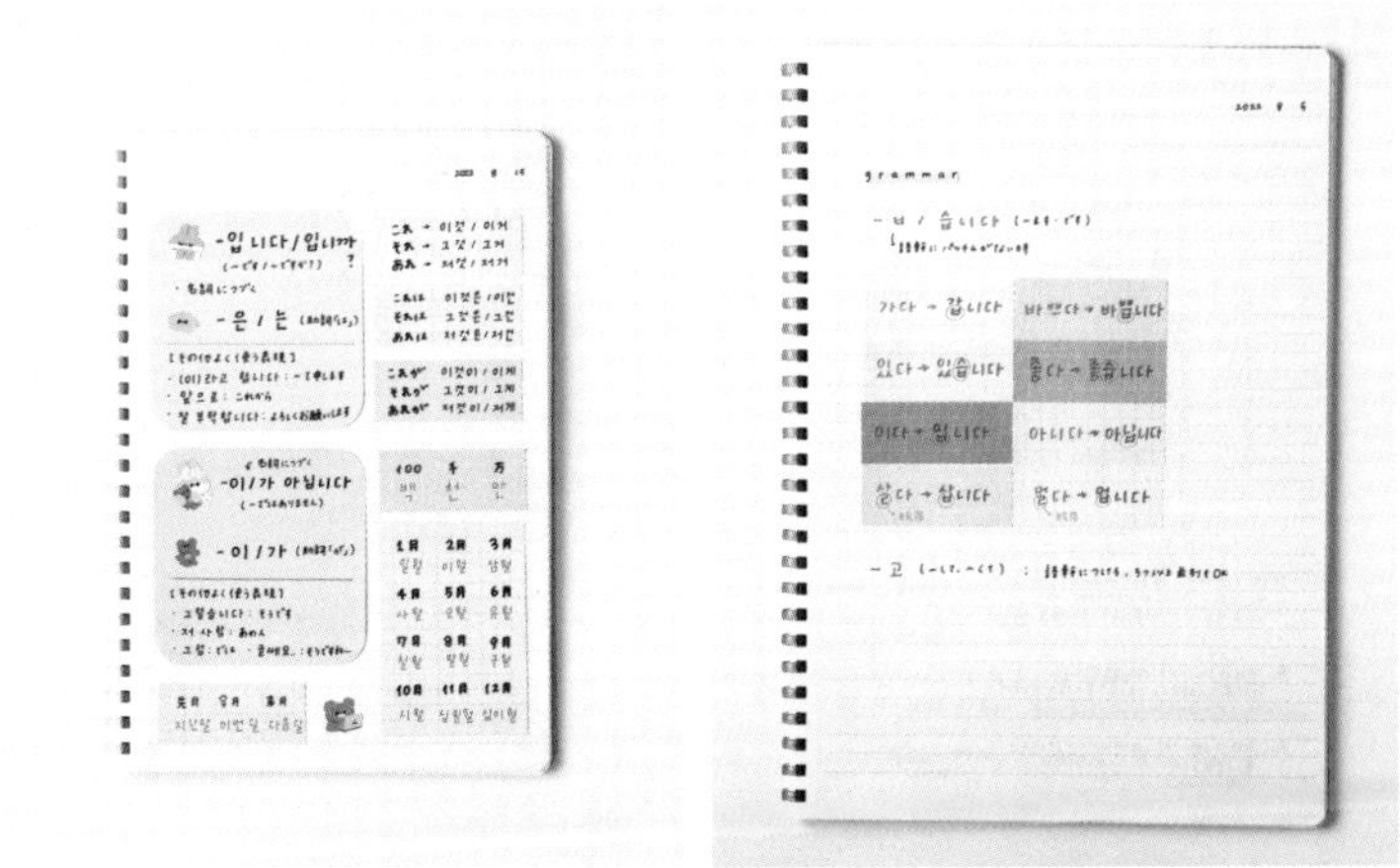

シールのほか、ふせんを使ってもOK。重要なポイントがよりわかりやすく整理されます。

好きな絵柄のシールをストックしています。可愛いシールを貼るだけでなんとなくやる気が上がり、ノートを開くたび楽しい気持ちになります。また、ノートの中身だけでなく表紙にお気に入りの大きいシールを貼ったり、学習用のテキストに貼ることもあります。

最後に、ふせんを使ってまとめるやり方もおすすめです。ノートに直接書くのではなく、ふせんに書いて貼るメリットは、大事なポイントを目立たせられること、ノートにメリハリがつくこと、書き直しが後から簡単にできることです。

ちょっとしたコツでノート作りがどんどん楽しくなるので、ぜひ、気分の上がる方法をいろいろ試してみてください。

5

書くことが楽しくなる文房具

書く時には、自分がしっくりくるものや、テンションが上がるデザインのものを選んでいます。そうすることで、書くことがより楽しくなって、長く続けられる習慣にもつながるため、ノートやペンなど、お気に入りの道具をそろえておくことはとても大切。

私が文房具を選ぶ時は、見た目の可愛さと同時に使いやすさにもこだわっています。CHAPTER 1でも少し紹介していますが、いつも使用している私のおすすめを紹介するので、文房具選びの参考にしてみてください。

1　メモパッド

2　手帳

3　キャンパスソフトリングノート（コクヨ）

4　ルーズリーフ5㎜方眼&クリップボード（無印良品）

5 ノートパッド

6 ペンケース

7 サラサマークオン
0.4㎜（ゼブラ）

8 サラサクリップ
（ゼブラ）

9 ゲルインキボールペン
（無印良品）

10 マイルドライナー
（ゼブラ）

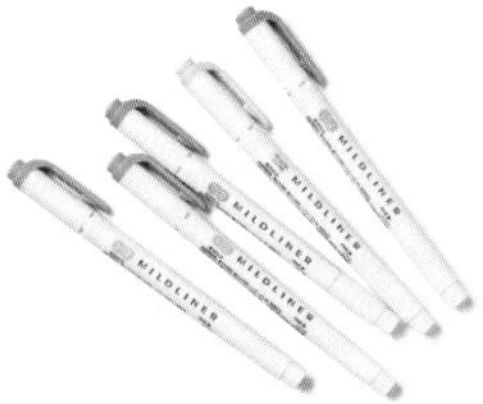

11 クリッカート
（ゼブラ）

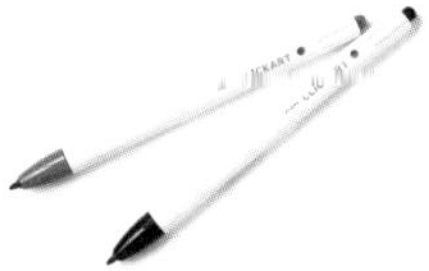

12 低重心シャープペン
（無印良品）

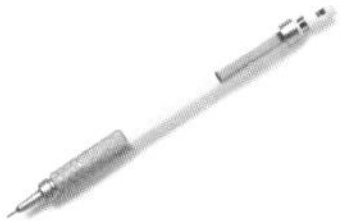

13 水性サインペン
（無印良品）

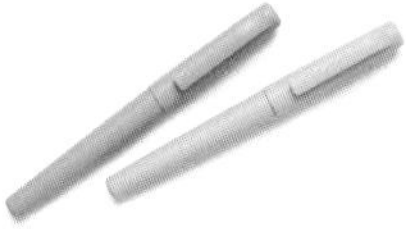

14 マルチ定規
（ミドリ）

15 ステッカー
＆EVAケース
（無印良品）

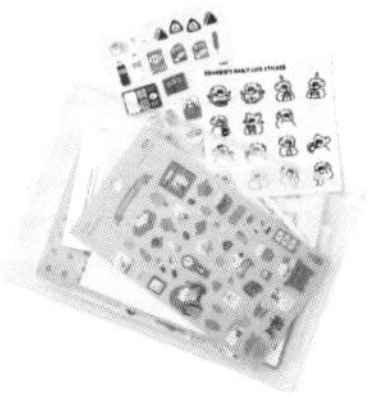

16 マスキングテープ

17 プラクリップ
（PENCO）

18 修正テープ
（無印良品）

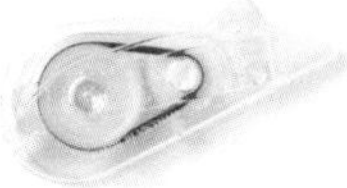

19 スタンプ

6
アナログとデジタルを使い分ける方法

書く道具としてのデジタルツールが発展したとはいえ、アナログの良さもやっぱりあると思うので、私はこの両方をシーンによって使い分けるようにしています。

アナログのいいところは自由度が高く、情報にアクセスしやすいところだと思います。例えばノート作りなら、いくつもあるペンの中から好きなものを選び、好きなシールを貼るなど、モチベーションの上がる文房具を自由に試せるのが楽しいところ。また、「あの情報どこにあったっけ?」と思った時に、ノートや手帳をパラパラとめくって探せるのも便利です。

ただしスケジュールのように、「ページをめくって確認したいけど紛失も防ぎたい」という時は、デジタルツールにも同じものを残しておきます。

一方で、書いた後に調整したい内容、具体的にはデザイン系の内容は、デジタルツールを使っています。後で詳しく説明しますが、例えば手書き加工の場合、最初は文字やイラストのバランスがうまく取れないことが多いのですが、デジタルツールなら後からいくらでも大きさや位置、角度を調整できるので、デザインを考える時には便利です。

ほかにも、デジタルツールでノートを書いたり、「デジタルプランナー」でスケジュール管理や家計簿を楽しんだりする方法もあります。

私は勉強のためのノートは基本的にアナログ派ですが、書籍を画像として取り込んだ上に書き込みをしたい時には、iPadのノートアプリを使うこともあります。例えば、韓国語の問題ページがあり、そのページを「GoodNotes5」というアプリに取り込むと、ページ上に何度でも書いたり消したりできる自分だけの問題集になります。紙の参考書や問題集に書き込みをしたくない時や、同じページの問題を何度も解きたい時に、私的使用に限りおすすめの方法です。

これまでいろいろと試してきましたが、基本的に手帳と勉強ノートはアナログ派、デザイン系はデジタル派に落ち着きました。好みもあると思うので、参考程度にご自身のベストな使い分けを見つけてみてください。

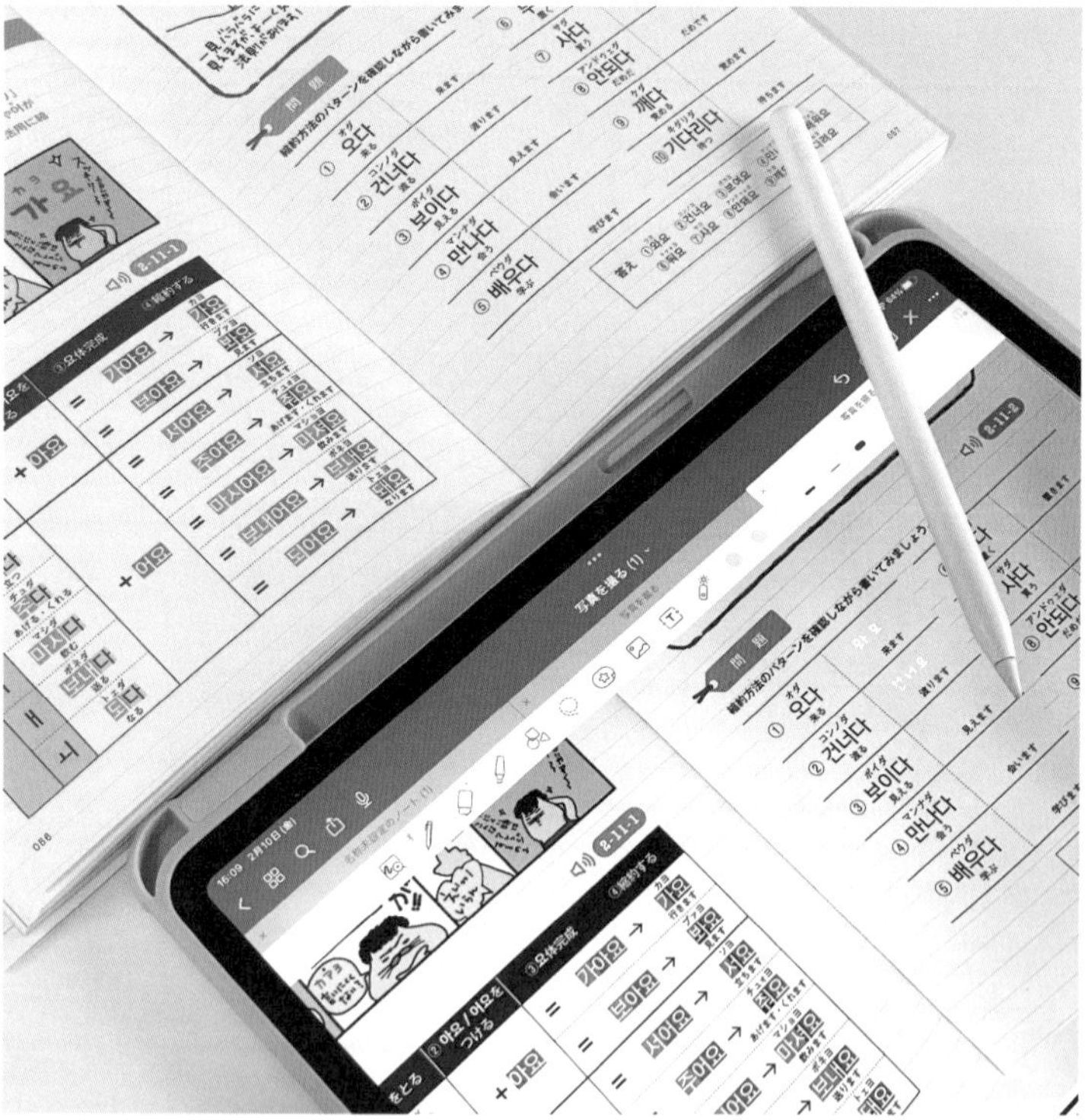

問題ページを「GoodNotes 5」に取り込んでおけば、何度も解くことができます。

7 iPadで書く時のおすすめアプリ

iPadで書く時に、私がよく使っているおすすめアプリを2つご紹介します。

1 Procreate

Procreateは、有料買い切りで使えるイラストアプリです。主に、Instagramの手書き加工を行う時や、デザイン制作用に使っています。

シンプルなインターフェースが特徴で、直感的に使えるのが良いところです。Procreate用のブラシを無料・有料で配布してくださっているクリエイターの方も多く、文字入れ加工だけでなく、本格的なイラスト制作にもよく使われているアプリです。

2 GoodNotes5

デジタルでノートを書くなら、GoodNotes5が書きやすくおすすめです。蛍光ペンを引くと自動的に文字の下に回ってくれたりと、かゆいところに手が届くノートアプリ

お気に入りアプリのひとつ、Procreateで投稿画像を作成。

で気に入っています。
PDFを読み込んでその上から書き込みをしたり、前述のように問題集の写真を取り込んで何度でも使える自分だけのテキストとして使ったり、もちろん、ふつうに書き込むためのノートとして使うこともできます。最近では、オーディオ収録もできるようになり、どんどん使いやすくなっているアプリです。

8 iPadで文字をうまく書く方法

デジタルで書く時にも、やっぱりきれいな文字を書いて楽しみたいので、前項で紹介したProcreateを例に、デジタルで文字を書く時のコツをご紹介します。

1 ペーパーライクフィルムを使う

iPadで文字を書こうとすると、画面にコツコツとペン先が当たり、ちょっと書きにくいな……と思うことがありました。それを解決してくれたのが、まるで紙に書いているようなザラザラした質感を再現できる「ペーパーライクフィルム」です。私は「ベルモンド」というメーカーのものを使っています。ほかにも種類がたくさんあり、ネットでも1000〜2000円台で買うことができます。このフィルムを貼るだけで書きやすさがかなり変わるので、タブレット画面にタッチペンで書くのに違和感がある人は、ぜひ試してみてください。

2 ブラシの書きやすさを調節する

Procreateでは、ブラシをタップするとさまざまな設定を変更できます。ここですべて解説するのは難しいのですが、書きやすさに大きく関わる項目のひとつが「ストリームライン」です。これは、書いた線を滑らかに補正してくれる機能で、補正を強めにしたり、弱めにしたりして、両方試してみると感覚がつかめると思います。強過ぎると書きにくく不自然になるので、私は30％くらいの設定にしています。

3 ガイド線を引く

これも欠かせない設定です。「設定」からガイド線を表示します。次に、その下の「描画ガイドを編集」で、ガイド線を目立ち過ぎない程度のちょうどいい色や太さに調節することができます。これがあるのとないのとでは書きやすさが本当に違います。文字の練習のところでお伝えしたように、文字の大きさをそろえたり、線に合わせて書いたりすることで、全体的にまとまった印象を与えます。文字がバランス良く書けない人は、ガイド線を頼りに書いてみてください。

4　後から大きさやバランスを変える

デジタルの良いところは、書いた後にいくらでも大きさやバランスを変えられるところです。例えば、1文字だけバランスが良くないな、と思ったら、そこだけ切り取って別のレイヤーを作り、サイズの調整をして合わせられます。

アナログに例えると、気になる1文字だけをカッターで切り取り、周りの文字に合わせた大きさに調整した文字を透明なシートに貼り、それをもとの位置に合わせて上に乗せるイメージです。この、透明なシートの役割をしているのが、デジタルのレイヤーです。透明な層なので、上に何枚レイヤーを重ねても、下の文字ははっきり見えるし、上に乗せた修正済みの文字も違和感なくもとの文字列に収まる感じです。

デジタルで書く時にはレイヤー機能は非常に便利なので、ぜひ調べて使いこなせるようにしてみてくださいね。

9 手書き加工で文字を楽しむ

画像に手書きの文字をのせるといった加工を行うのは、アナログとデジタルの良いところを合わせた楽しみ方のひとつです。使うアプリは、イラスト制作アプリであれば何でもいいのですが、ここでもProcreateを使って説明してみます。

1 Procreateに画像を取り込みます。

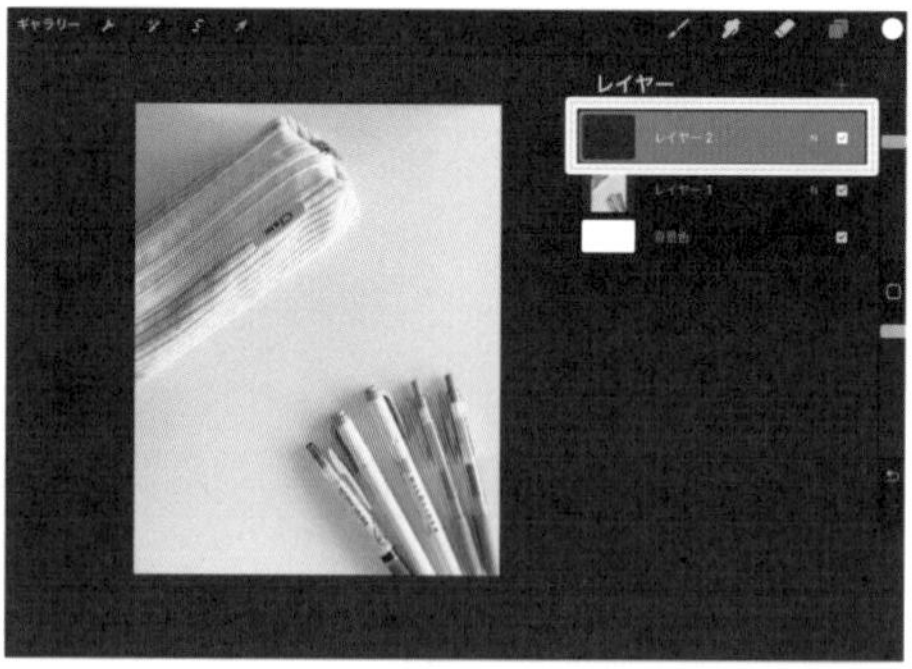

2 取り込んだ画像の上に直接文字を書くと後から文字だけ動かせないので、新しくレイヤーを作り、そこに文字を書いていきます。

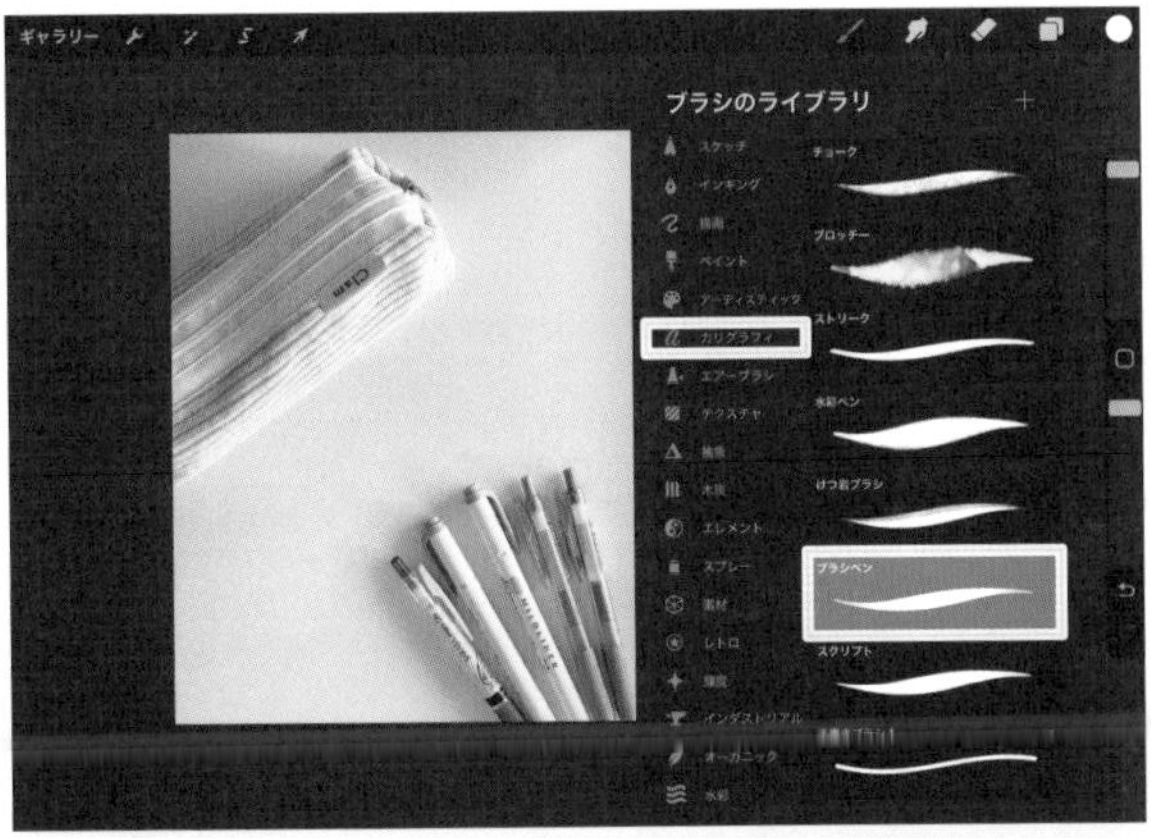

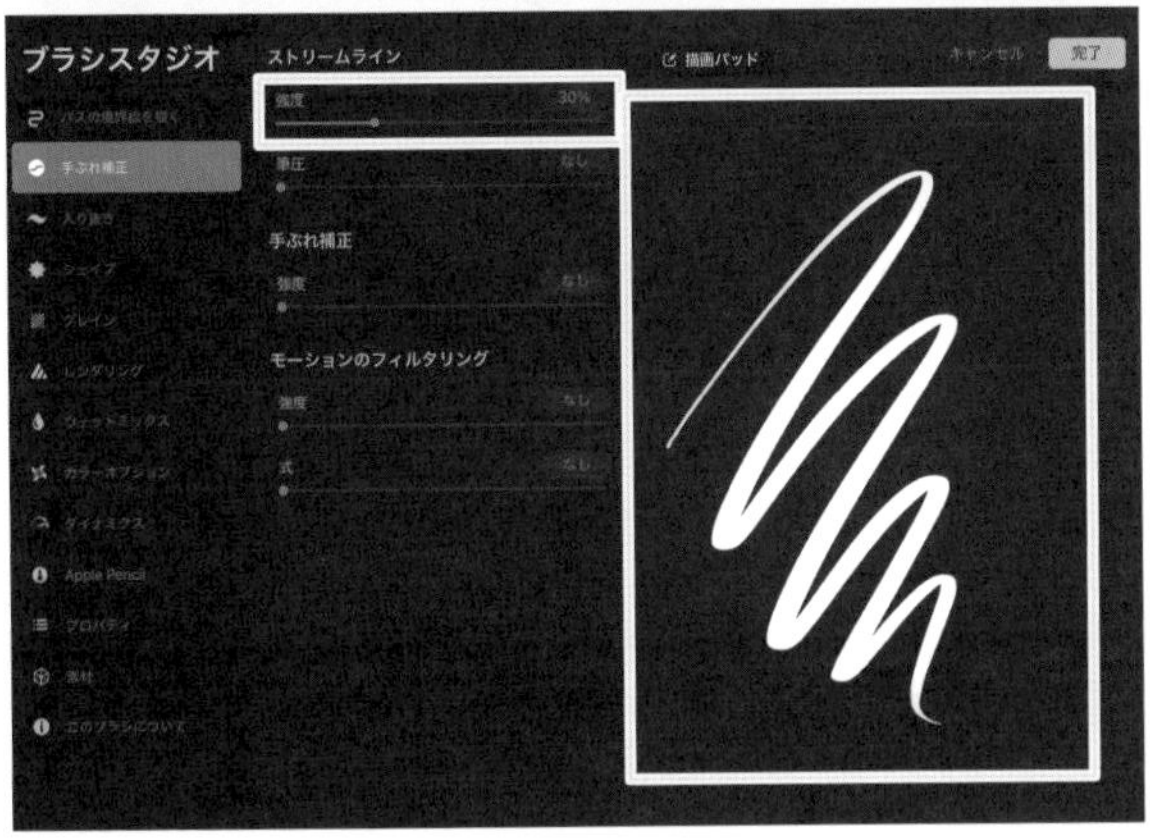

3 文字を書くペンのタッチ（ブラシ）を選びます。もとから入っているブラシでおすすめなのは、「カリグラフィ」の中にある「ブラシペン」です（画像上）。マーカーのような書き味のブラシで、可愛らしい印象になります。ブラシを選んだら、書きやすさに影響する「ストリームライン」をブラシ設定で調整します（各ブラシをタップすると表示されます）。画面の右側で試し書きもできます（画像下）。

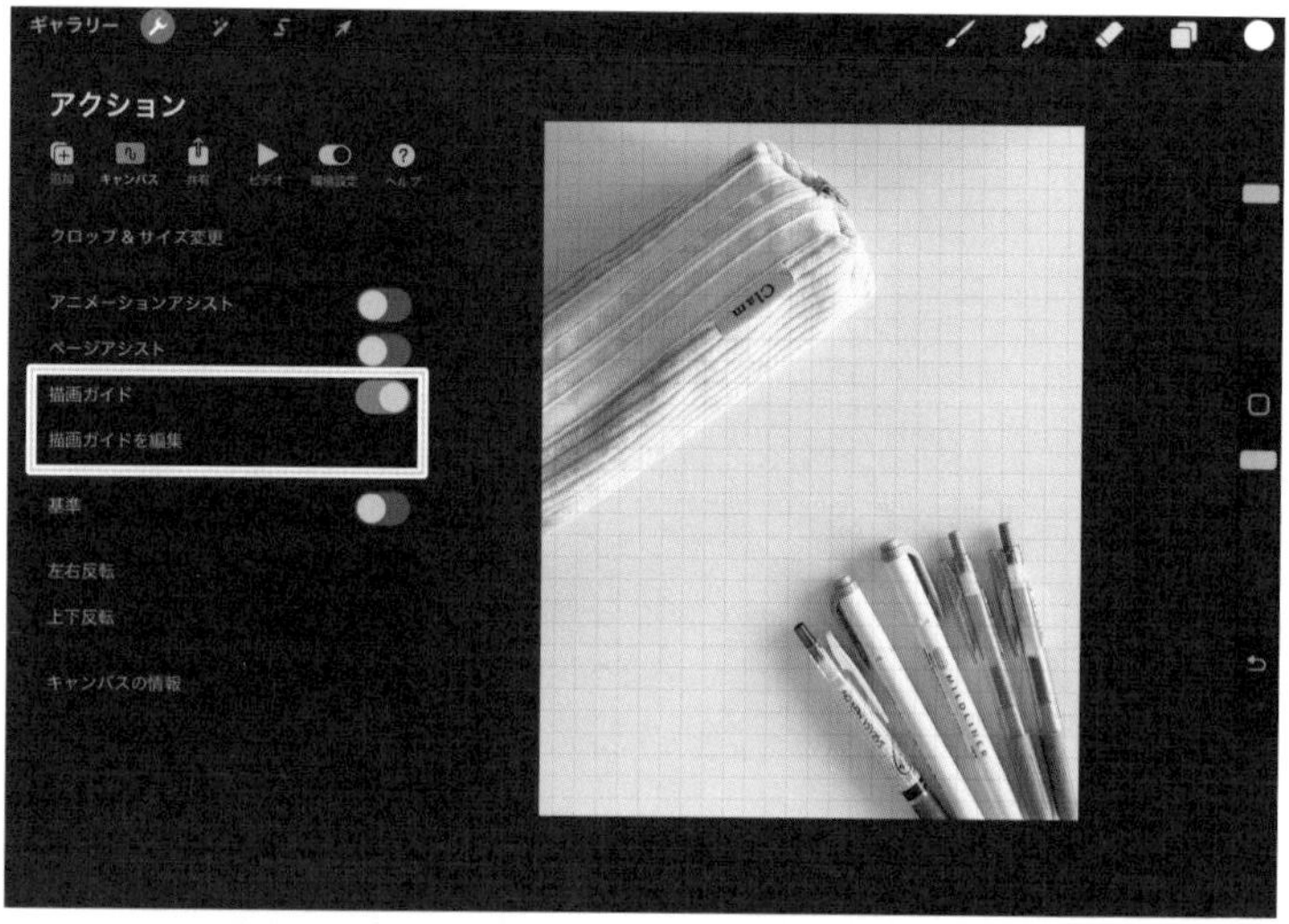

4　「描画ガイド」を表示して、「描画ガイドを編集」からカラーや太さを調整します。

Procreateのブラシは、既存のブラシをもとに自分で使いやすいようにカスタマイズすることが可能です。カスタマイズについては紹介しきれないのが残念ですが、3でストリームラインを調整したように、ほかの項目も細かく変更できます。既存のブラシをカスタマイズする場合は、ブラシを複製してから調整すれば、オリジナルを残すことができるので便利です。

　また、無料・有料でたくさんのブラシが配布されているので、私もふだんはダウンロードしたブラシを愛用しています。みなさんも、「Procreateブラシダウンロード」などと調べて、使いやすいブラシを探してみてください。

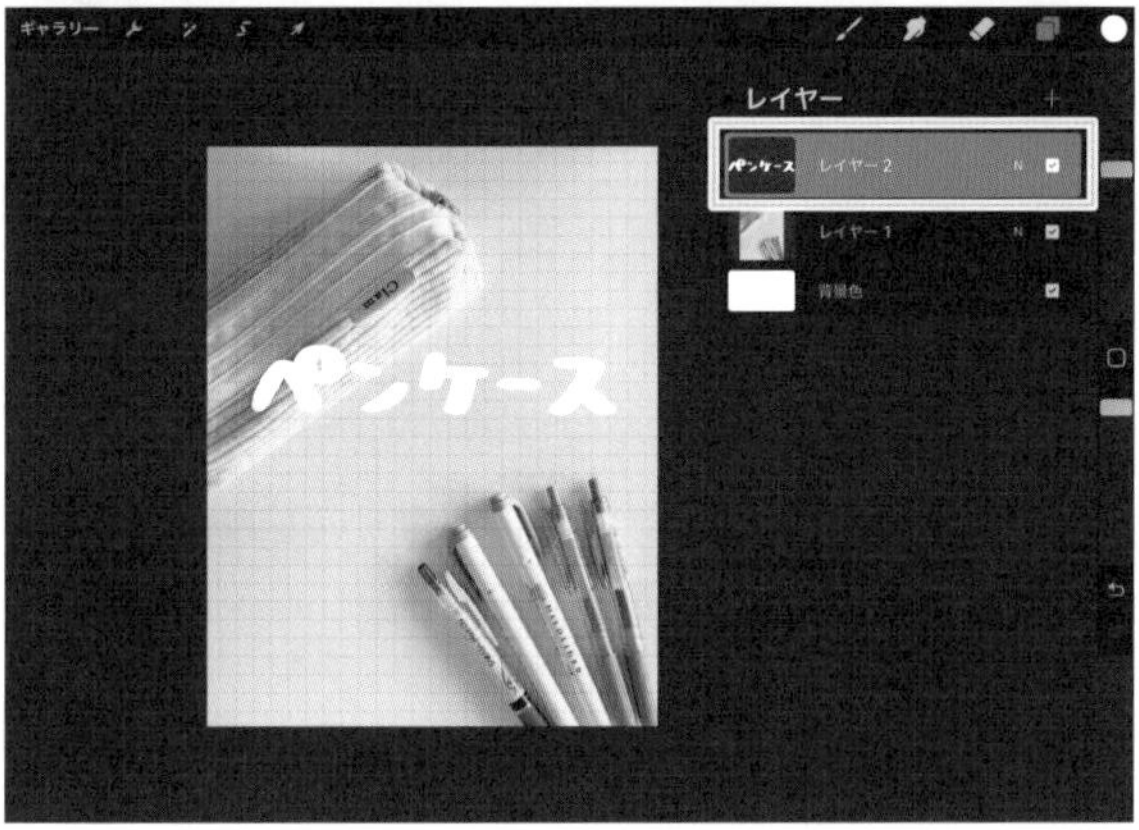

5　2で作ったレイヤーを選択した状態で、文字を書きます。

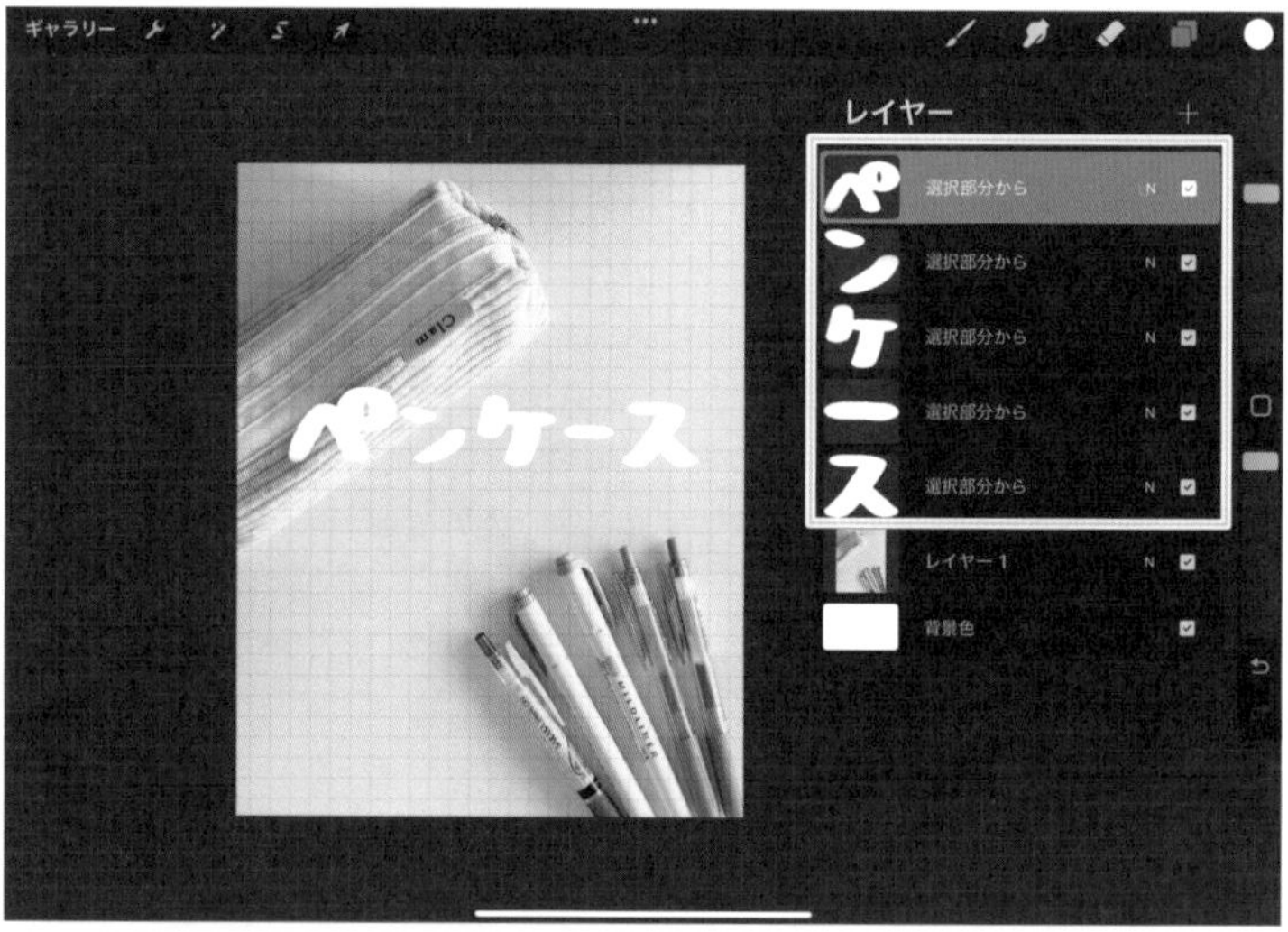

6 慣れないうちは1文字ずつレイヤーを
分けると後から調整しやすいです。

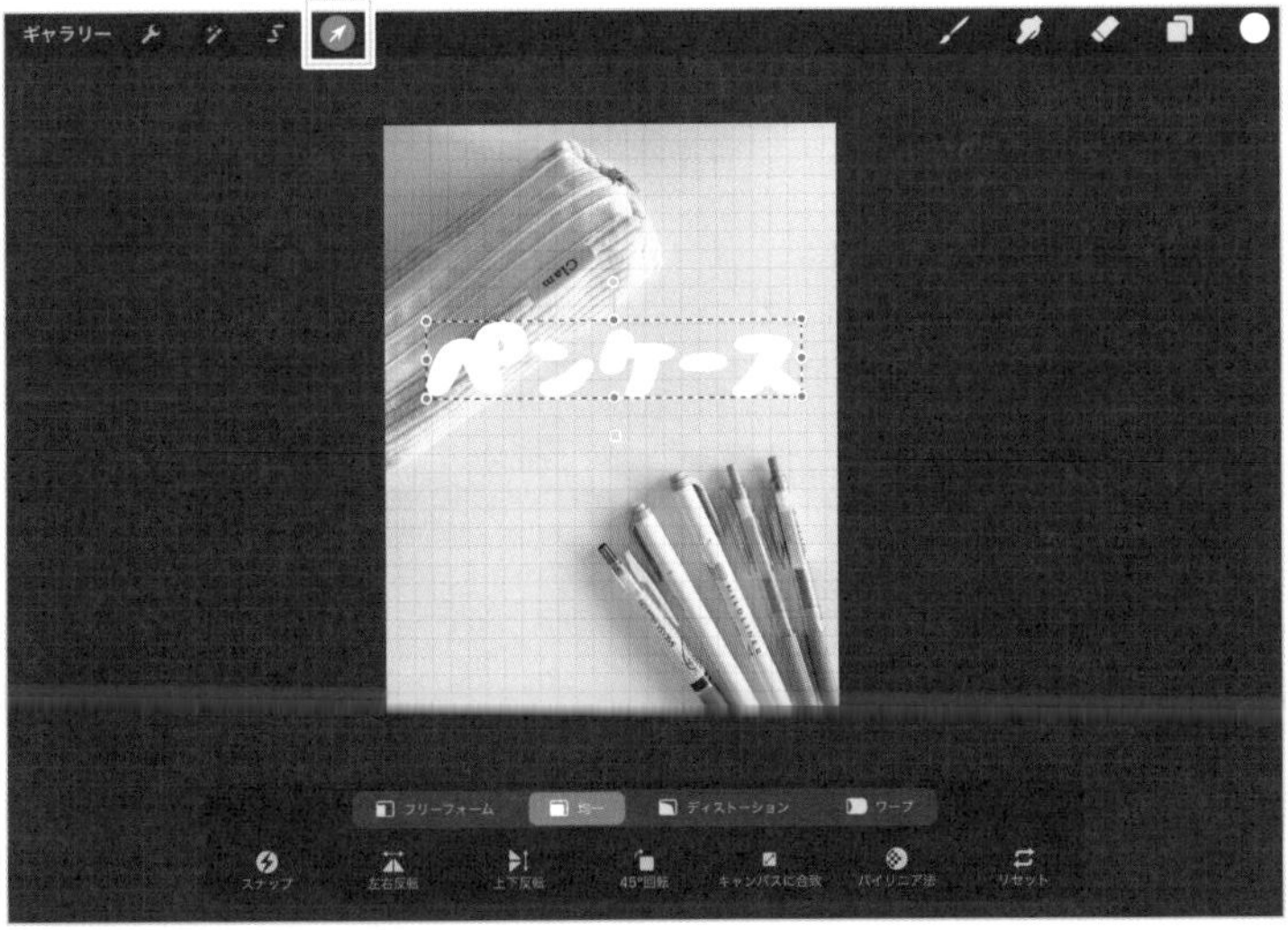

7 文字のバランスが良くないなと思ったら、左上に表示されているメニューの一番右のアイコンをクリックして、サイズや位置を調整します。「均一」だと全体のバランスを保ったままサイズや傾きを変更でき、「フリーフォーム」だと、縦や横の長さを自由に変えることができます。

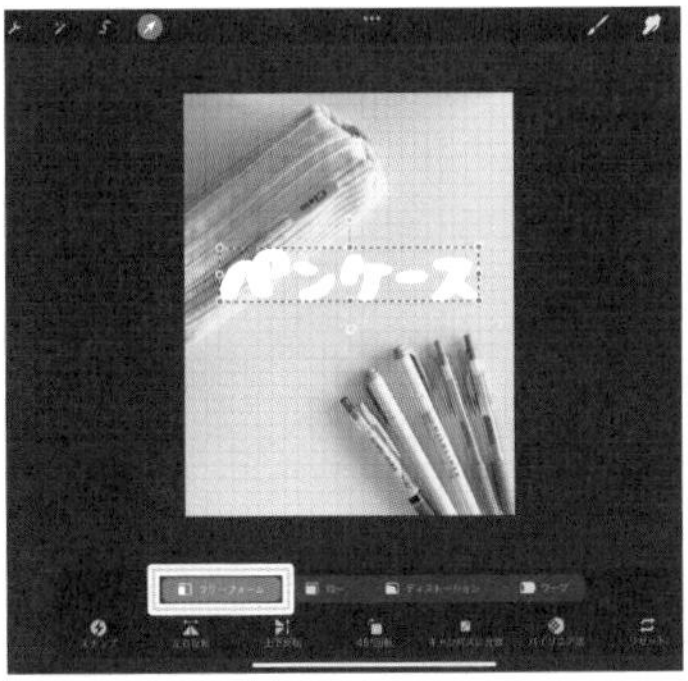

フリーフォームで
文字を横長にした例

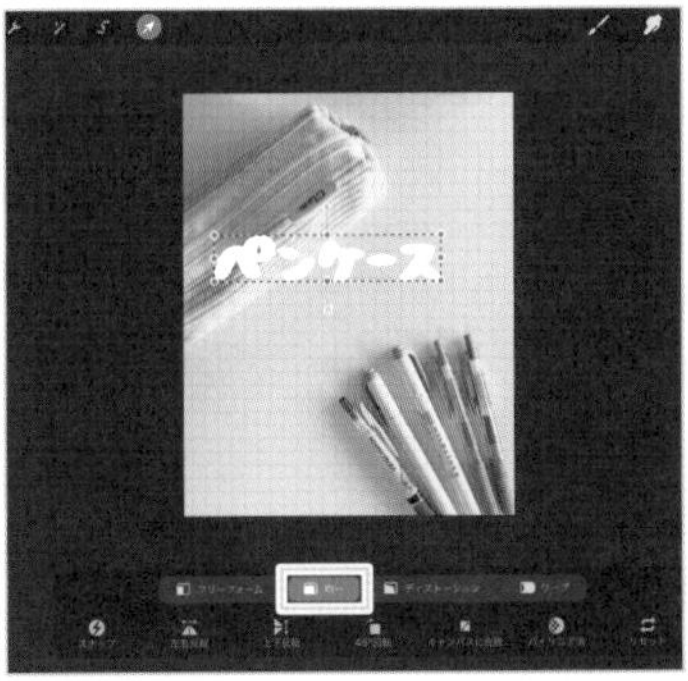

均一設定で
サイズを変更した例

10

書体とフォントを理解して使い分けよう

私は文字を眺めるのがとても好きで、街中の広告などで使われているフォントもよく観察しています。**フォントにはそれぞれの特徴や雰囲気があり、伝えたい内容に合わせて使い分けることで、フォントの良さを最大限活かせる**ようになります。

ここでいう「フォント」とは、それぞれに異なるデザイン文字のことで、デザインの違いによってさまざまな名前がついています。これと同じような意味で「書体」という言葉もありますが、こちらは同じコンセプトを持つデザイン文字のカテゴリを指します。例えれば、リンゴやイチゴが書体、紅玉やジョナゴールド、あまおうやとちおとめがフォントです。

ここでは、代表的な2つの書体と、それぞれのフォントについてご紹介します。

明朝体

明朝体は、とめ・はね・はらいがはっきりしており、筆文字のような印象を与える書体です。明朝体のフォントには、「リュウミン」「筑紫明朝」「はんなり明朝」などがあります。

ゴシック体

ゴシック体は、文字を構成する線の幅が同じで、力強さやカジュアルさ、モダンな印象を与える書体です。ゴシック体のフォントには、「コーポレート・ロゴ」「源ノ角ゴシック」「源柔ゴシック」などがあります。

表現したい内容を適切に相手に伝えるには、フォントの選定が非常に大事になってきます。例えば、Instagramの投稿デザインを考える時、落ち着いた大人っぽい雰囲気にしたいなら明朝体のフォント、カジュアルでモダンな雰囲気にしたいならゴシック体と、イメージによって使い分けます。逆に、雰囲気とフォントが合っていないと、ちぐはぐな印象を与えてしまうことも。

「世界観がある」デザインは必ずフォントとデザイン全体の雰囲気が合っているので、デザインを見る時はフォントも観察してみましょう。

おわりに

今回、本書を書きながら一歩引いて客観視してみて、書くことがどれほど私を助けてくれているのかということに改めて気がつきました。

実は、この本も、アイデアをノートパッドに書き出すところから始まりました。自分の頭の中にあるものと向き合い、どうすれば書くことの魅力が伝わり、実際に行動に移してもらえるのかを、アイデアを書き出しながらひたすら考えていました。

書くことは、紙とペンさえあれば今すぐにでも始められます。何事も、行動に移すのは気力と労力がいるものですが、本書の内容から何かひとつだけでも、実際に試していただけたら幸いです。

私はふだんからInstagramをよく使っているので、「#わたしらしく書く習慣」のハッシュタグをつけていただければ、必ず見に行きます。ぜひ、これをきっかけに、一緒に書くことを楽しみましょう。ひとりでは頑張れなくても、誰かと一緒なら頑張れるし、ひとりより、同じ目標を持つ人たちと続けることで、もっと楽しく、もっと素敵なことが生まれるかもしれません。

私は、子どもの頃から本に救われてきたので、自分もいつしか本を書いてみたいと思うようになりました。こうして2冊目の著書を執筆する機会をいただいたことが本当にありがたく、本書の内容が少しでも誰かの励みやモチベーションになっていたら、このうえなく嬉しいです。

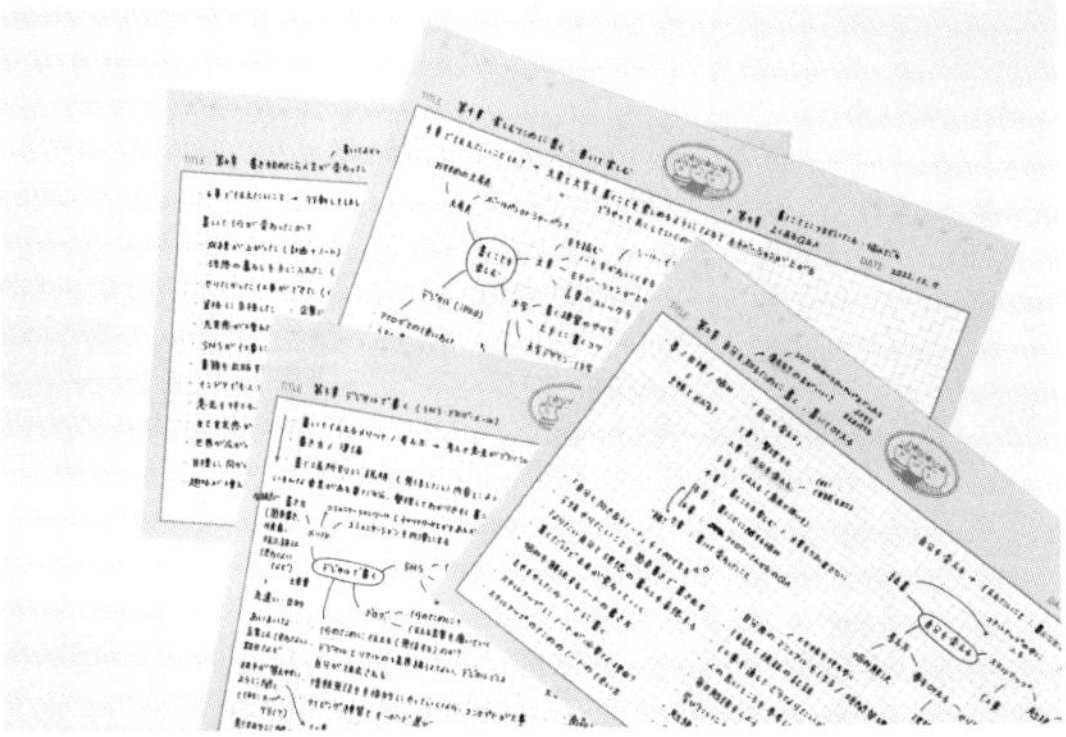

本書のアイデアを書き出したノートパッド。
みなさんに想いが伝わりますように……。

本を書くきっかけをくださった編集者さんや撮影にご協力いただいたカメラマンの方、本書の制作に関わってくださったすべての人に感謝を伝えたいです。そして何より、そばで見守ってくれた夫と、励まし続けてくれた両親に。いつもありがとう！

最後になりましたが、この本を手に取ってくださったみなさん、お読みいただいて本当にありがとうございました。

ひとりでも多くの方の人生が楽しく、素敵なものであることを願っています。

亀山ルカ

SNS発信と韓国雑貨のショップ運営などを行うフリーランス。立教大学卒業後、一般企業へ就職したものの組織で働くことになじめず、2016年からブログ運営、ライティング、SNS発信等フリーランスで働くように。生き方や働き方で悩み、生きづらさを感じていた自身の経験をもとに、同じように辛い思いをしている人に寄り添いたいと、現在もさまざまな情報の発信を続けている。著書に『アフィリエイトで夢を叶えた元OLブロガーが教える　本気で稼げるアフィリエイトブログ』（ソーテック社）がある。

Instagram@rur_oom

毎日《まいにち》がうまくいく！　働《はたら》く女子《じょし》の

わたしらしく「書《か》く」習慣《しゅうかん》

2023年 4月1日　初版発行

著者／亀山《かめやま》 ルカ

発行者／山下 直久

発行／株式会社KADOKAWA
〒102-8177　東京都千代田区富士見2-13-3
電話　0570-002-301（ナビダイヤル）

印刷所／凸版印刷株式会社

ISBN 978-4-04-606221-5　C0077